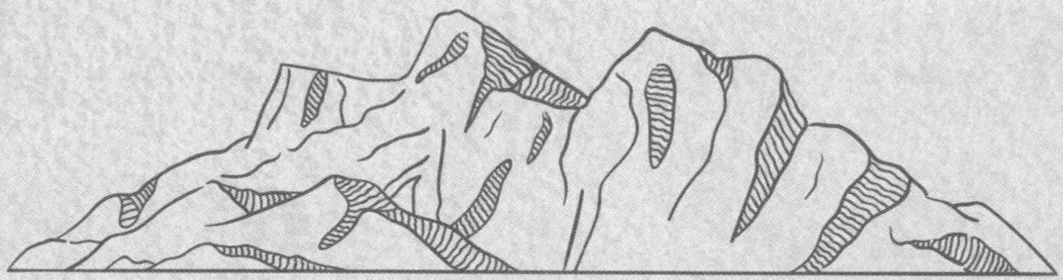

O CANSAÇO DE SER FORTE

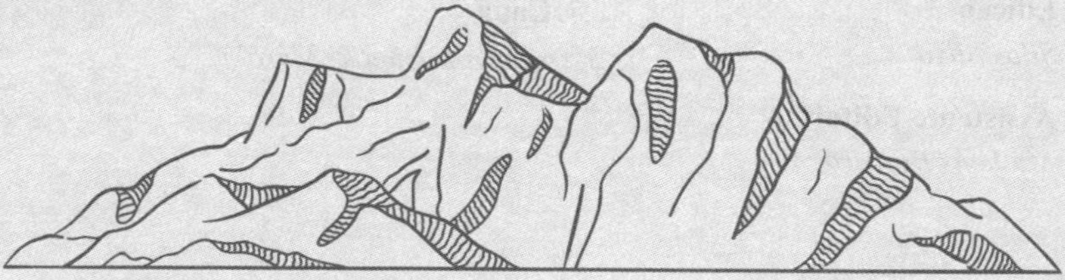

O CANSAÇO DE SER FORTE

Direção Geral
Adriel Penkal Ribeiro

Coordenador Editorial
Giovanna Felipe

Edição
Silas Silva

Assistente Editorial
Matheus Barrera

Revisão
João Esteves

Projeto Gráfico & Diagramação
Luís Augusto Albieri de Souza

Capa
Karim Kusunoki Muraki

Dados Internacionais de Catalogação na Publicação (CIP)
(Câmara Brasileira do Livro, SP, Brasil)

O Cansaço de ser forte / [organização Editora
Penkal]. -- Londrina, PR : Livrarias
Família Cristã, 2025.

ISBN 978-65-277-0319-8

1. Bíblia - Ensinamentos 2. Deus (Cristianismo) -
Adoração e amor 3. Espiritualidade - Cristianismo
4. Fé 5. Oração - Cristianismo 6. Vida cristã
I. Editora Penkal.

25-260869 CDD-248.4

Índices para catálogo sistemático:

1. Conduta de vida : Ensino bíblico : Cristianismo
248.4

Eliete Marques da Silva - Bibliotecária - CRB-8/9380

R. Antônio Sabino, 203 - Parque Industrial - Ibiporã - PR
www.livrariasfamiliacrista.com.br

Nota da Editora
Os livros assinados como Daniela Oliveira são desenvolvidos por nossa equipe de teólogos da Editora Penkal. Utilizamos este nome para representar o trabalho conjunto, sem atribuí-lo a uma única pessoa.

SUMÁRIO

INTRODUÇÃO

QUANDO A PRESSÃO NOS QUEBRA

A sociedade contemporânea vive imersa em uma cultura de produtividade incessante. Ser eficiente, alcançar metas, e exibir resultados concretos tornaram-se exigências quase inquestionáveis. Esse padrão, porém, impõe um fardo que muitas vezes é pesado demais: a necessidade de ser sempre forte, resiliente e infalível. A fraqueza passou a ser encarada como um defeito, enquanto o descanso, muitas vezes, é visto como improdutividade. Nesse cenário, o equilíbrio entre as demandas externas e a saúde emocional, espiritual e física pode facilmente se perder.

Essa pressão constante tem levado muitos a se desgastarem, acreditando que o valor de suas vidas está diretamente relacionado ao que produzem. Contudo, essa mentalidade vai contra a perspectiva bíblica de dependência de Deus. Jesus convida: "Vinde a mim, todos os que estais cansados e sobrecarregados, e eu vos aliviarei" (Mateus 11:28). Ele não exige uma força que o ser humano, por si só, não pode sustentar. Pelo contrário, oferece alívio e descanso em meio à exaustão.

O apóstolo Paulo também apresenta um ensinamento profundo sobre fraqueza e dependência divina. Em 2 Coríntios 12:9, ele relata as palavras do Senhor. "A minha graça te basta, porque o meu poder se aperfeiçoa na fraqueza". Em vez de exaltar a autossuficiência, a fé cristã ensina que o reconhecimento de limitações é o ponto de partida para experimentar a força que vem de Deus. Não se trata de negar responsabilidades ou evitar compromissos, mas de entender que o ser humano não foi criado para carregar todo o peso sozinho e muito menos que o seu valor está apenas associado ao que produz.

A dependência divina não é passividade, mas uma postura de confiança. É viver com a consciência de que a força verdadeira não vem das capacidades humanas, mas do Criador. Ela permite descansar em meio às pressões e entregar ansiedades àquele que tem cuidado de nós (1 Pedro 5:7). É também um chamado à humildade, pois reconhece que todo esforço e conquista são sustentados pela graça de Deus.

Em um mundo que exalta o desempenho, a fé oferece uma visão libertadora: o valor do ser humano não está no que ele faz, mas em quem ele é aos olhos de Deus. Nessa dependência, há alívio para os cansados e força para os fracos, uma paz que excede todo entendimento.

CAPÍTULO 01

O fardo invisível da sociedade moderna

A sociedade contemporânea tem sido marcada por uma obsessão pelo desempenho e produtividade. Este fenômeno, muitas vezes chamado de "sociedade do desempenho", coloca o foco no sucesso individual, na eficiência e na constante superação de limites. Tal paradigma não apenas molda a maneira como as pessoas trabalham, mas também como se relacionam, consomem e percebem a própria identidade. No entanto, a busca incessante por resultados está produzindo um fenômeno coletivo de cansaço, exaustão e desconexão. Frente a esse cenário, as palavras de Jesus em Mateus 11:28-30, onde ele oferece alívio aos cansados e sobrecarregados, ecoam com uma relevância extraordinária.

A "sociedade do desempenho" é um termo cunhado pelo filósofo sul-coreano Byung-Chul Han, que descreve uma cultura onde a autoexploração se tornou a norma. Diferentemente das sociedades disciplinares do passado, que impunham regras externas, a sociedade atual promove uma mentalidade de autorregulação. Cada indivíduo é incentivado a ser seu próprio gestor, superando constantemente as expectativas e competindo consigo mesmo. Frases como "você pode alcançar tudo o que quiser" ou "basta se esforçar mais" alimentam essa lógica.

No campo econômico, o neoliberalismo fortaleceu esse modelo, promovendo a ideia de que o sucesso depende exclusivamente do esforço individual. Entretanto, essa narrativa ignora as desigualdades estruturais e os limites humanos. Para muitos, a pressão para "ser mais" e "fazer mais" não resulta em realização, mas em esgotamento. Doenças como burnout, ansiedade e depressão tornaram-se comuns, expondo os efeitos devastadores de uma vida orientada exclusivamente pelo desempenho.

A exaustão não é apenas um problema individual, mas um fenômeno coletivo. Byung-Chul Han aponta que o cansaço da sociedade contemporânea não é um cansaço físico, mas um cansaço da alma. Ele descreve uma humanidade presa em um ciclo de hiperatividade, onde o descanso é visto como um obstáculo à produtividade. Esse modelo de vida cria indivíduos fragmentados, incapazes de experimentar momentos de pausa e reflexão.

Além disso, a digitalização da vida intensificou essas pressões. A constante conectividade cria a sensação de que é preciso estar sempre disponível, seja para o trabalho, seja para a vida social. Redes sociais também contribuem para a cultura do desempenho, promovendo uma comparação incessante com os outros e gerando um senso de inadequação.

Nesse contexto, o cansaço coletivo reflete não apenas um problema de ritmo de vida, mas uma crise existencial. Ele aponta para a desconexão com valores mais profundos, como a solidariedade, o descanso e a espiritualidade.

As palavras de Jesus em Mateus 11:28-30 oferecem uma resposta transformadora a esse cenário de exaustão. Ele diz: "Venham a mim, todos os que estão cansados e sobrecarregados, e eu lhes darei descanso. Tomem sobre vocês o meu jugo e aprendam de mim, pois sou manso e humilde de coração, e vocês encontrarão descanso para as suas almas. Pois o meu jugo é suave e o meu fardo é leve".

Essas palavras revelam o coração compassivo de Cristo, que não apenas reconhece o cansaço humano, mas oferece um caminho de alívio. Jesus não promete retirar todas as responsabilidades da vida, mas oferece um jugo diferente, suave e leve. Esse jugo representa um relacionamento baseado na graça, e não no desempenho.

Enquanto a sociedade exige mais esforço, Jesus convida a descansar em sua presença. O descanso que ele oferece não é apenas físico, mas também espiritual e emocional. Ele liberta da necessidade de provar constantemente o próprio valor, pois, em Cristo, a identidade não está no que se faz, mas em quem se é.

Além disso, o convite de Jesus é para aprender dele. A mansidão e a humildade de coração de Cristo contrastam com a agressividade da sociedade do desempenho. Aprender com Jesus é redescobrir o valor do descanso, da simplicidade e da dependência de Deus.

A mensagem de Mateus 11:28-30 convida a uma redefinição do que significa viver. Em vez de buscar realização em conquistas externas, ela aponta para a necessidade de um relacionamento íntimo com Deus. Esse relacionamento não nega o trabalho ou as responsabilidades, mas oferece uma nova perspectiva. Ele ensina que o valor humano não está no que se faz, mas em quem se é aos olhos do Criador.

Em Cristo, o descanso é um ato de fé. É confiar que Deus está no controle, mesmo quando as demandas da vida parecem esmagadoras. É aprender a desacelerar e encontrar paz na presença do Senhor, em vez de sucumbir ao ritmo frenético do mundo.

A sociedade do desempenho continuará a impor suas exigências, mas a oferta de alívio de Cristo permanece acessível. Em um mundo que valoriza a produtividade acima de tudo, a mensagem de Jesus é um chamado à contracultura. Ela desafia as normas impostas pelo mundo e convida a um estilo de vida baseado na graça, na comunhão e no descanso.

Além disso, a fé cristã oferece uma visão coletiva de alívio. Em vez de competição e comparação, ela promove a solidariedade e o cuidado mútuo. A igreja, como corpo de Cristo, é chamada a ser um espaço onde os cansados encontram descanso e os sobrecarregados são apoiados.

A sociedade do desempenho impõe um peso que poucos conseguem suportar. Entretanto, as palavras de Jesus em Mateus 11:28-30 apontam para uma alternativa: um descanso que vai além do físico e atinge as profundezas da alma. Esse descanso não é uma fuga das responsabilidades, mas uma reorientação da vida em direção a valores eternos.

CAPÍTULO 02

A força que nos esmaga

A autossuficiência é uma marca característica da humanidade desde os primórdios. A partir da narrativa do Éden, a história do homem tem sido marcada por um desejo contínuo de independência, de agir por conta própria e de estabelecer controle sobre a própria existência. Esse anseio, aparentemente nobre, frequentemente se transforma em um fardo, levando à exaustão e ao sentimento de inadequação. Em 2 Coríntios 12:9-10, o apóstolo Paulo apresenta um contraponto radical ao modelo de autossuficiência: a fraqueza humana como espaço para a manifestação da força divina.

Do ponto de vista antropológico, o desejo de controle é uma das motivações mais profundas do ser humano. Desde o início, o homem busca dominar o mundo ao seu redor, seja através do trabalho, do conhecimento ou das relações. No entanto, o controle desejado não se limita ao exterior; ele também está voltado para si mesmo. A autossuficiência é vista como um ideal a ser alcançado: o indivíduo que não depende de ninguém, que é capaz de prover para si e que controla todas as variáveis da vida.

Esse ideal, contudo, é uma ilusão. A autossuficiência ignora a fragilidade intrínseca da condição humana. Apesar dos avanços tecnológicos, científicos e sociais, a vulnerabilidade permanece. Doenças, perdas e crises expõem os limites do controle humano, lembrando que, por mais que o homem busque ser independente, há fatores que estão completamente fora de sua capacidade de gestão.

Essa busca incessante por controle também gera um profundo cansaço. A tentativa de prever, organizar e manter tudo sob domínio consome energia física, emocional e espiritual. A sociedade moderna, com sua valorização da produtividade e da eficiência, intensifica essa pressão, transformando a autossuficiência em uma armadilha que isola e esgota.

O desejo de autossuficiência está intimamente ligado ao cansaço. O antropólogo Byung-Chul Han, em sua obra *A Sociedade do Cansaço*, descreve como a busca incessante por desempenho e controle, e isto esgota o ser humano. Segundo ele, a sociedade contemporânea, com sua ênfase na autorregulação e no "faça você mesmo", cria um ambiente onde as pessoas são forçadas a se tornar tanto trabalhadores quanto vigilantes de si mesmas.

Esse modelo de vida resulta em um esgotamento que não é apenas físico, mas também emocional e espiritual. A autossuficiência desconecta o indivíduo das relações de apoio, promovendo a solidão. Ela também cria uma cultura de comparação, onde o valor de cada pessoa é medido por seu desempenho, gerando ansiedade e insatisfação.

No entanto, esse desejo de controle, embora seja culturalmente reforçado, tem raízes profundas na natureza humana. A narrativa bíblica do Éden revela o momento em que o homem e a mulher optaram por agir independentemente de Deus, buscando o conhecimento do bem e do mal por conta própria (Gênesis 3:6). Essa escolha não apenas trouxe a separação entre Deus e a humanidade, mas também inaugurou uma era de autossuficiência ilusória, onde o homem tenta constantemente preencher um vazio que somente Deus pode satisfazer.

Diante desse cenário de cansaço e frustração, as Escrituras oferecem uma alternativa radical. Em 2 Coríntios 12:9-10, Paulo escreve: "A minha graça é suficiente para você, pois o meu poder se aperfeiçoa na fraqueza". Por isso, eu me gloriarei ainda mais alegremente em minhas fraquezas, para que o poder de Cristo repouse em mim. Por isso, por amor de Cristo, regozijo-me nas fraquezas, nos insultos, nas necessidades, nas perseguições, nas angústias. Pois, quando sou fraco, é que sou forte".

Essa passagem desconstrói completamente a lógica da autossuficiência. Paulo, ao invés de negar sua fraqueza, aprende a aceitá-la como parte essencial de sua caminhada com Deus. A fraqueza humana, longe de ser um obstáculo, torna-se o espaço onde a graça divina se manifesta com maior intensidade.

Essa perspectiva é libertadora. Em vez de buscar incessantemente a força própria, o cristão é convidado a descansar na força do Senhor. Isso não significa ausência de responsabilidade, mas uma confiança ativa na provisão divina, que alivia o fardo da autossuficiência. É um chamado para abandonar a ilusão do controle e depender de um Deus que é soberano, amoroso e presente.

A força humana, muitas vezes, é percebida como a capacidade de resistir, superar e vencer. No entanto, as Escrituras oferecem uma visão diferente. A verdadeira força não está na independência, mas na dependência de Deus. O salmista expressa essa realidade ao declarar: "Deus é o nosso refúgio e fortaleza, socorro bem presente na angústia" (Salmos 46:1).

Essa dependência, no entanto, exige humildade. Reconhecer a própria fraqueza é um ato de coragem em uma cultura que valoriza a autossuficiência. É admitir que o ser humano não é o centro do universo e que há limites intransponíveis. Essa humildade, contudo, não é uma derrota, mas um caminho para a verdadeira liberdade.

Paulo aprendeu isso através de sua própria experiência. Apesar de orar repetidamente para que Deus removesse um "espinho na carne" que o afligia, ele recebeu uma resposta inesperada: "A minha graça é suficiente para você". Essa resposta transformou a maneira como Paulo encarava suas limitações. Ele não apenas as aceitou, mas aprendeu a se gloriar nelas, pois elas eram a plataforma para a manifestação do poder de Deus.

O convite para depender de Deus é tão relevante hoje quanto foi nos dias de Paulo. Em uma sociedade marcada pela exaustão e pela pressão para performar, descansar na graça de Deus é um ato quase que revolucionário, mas que caracteriza um verdadeiro cristão. É um lembrete de que a vida não precisa ser vivida no ritmo frenético do desempenho, mas pode ser vivida em comunhão com o Criador.

A dependência de Deus também é um antídoto contra o orgulho. Ela lembra que o ser humano não é autoexistente, mas depende do Senhor para cada batida do coração. Essa verdade, longe de ser uma limitação, é uma fonte de esperança. Pois, em Deus, há força infinita, sabedoria ilimitada e amor eterno.

O problema da autossuficiência no coração humano é profundo e universal. Ele reflete tanto uma desconexão com Deus quanto uma tentativa de preencher um vazio existencial com esforço próprio. No entanto, essa busca por controle e independência frequentemente resulta em cansaço e frustração.

As Escrituras, especialmente 2 Coríntios 12:9-10, oferecem um caminho diferente. Em vez de negar a fraqueza, elas convidam a abraçá-la como um espaço onde a graça de Deus pode operar. Em Cristo, a força não está na autossuficiência, mas na dependência. Esse é o chamado para cada pessoa cansada e sobrecarregada: abandonar o fardo do controle e encontrar descanso na presença do Deus que é força perfeita na fraqueza.

CAPÍTULO 03

Quando a vida é uma corrida sem fim

A ansiedade tornou-se um fenômeno marcante na sociedade contemporânea. A vida diária, com suas demandas incessantes, exerce uma pressão contínua sobre o indivíduo. O trabalho exige produtividade e resultados. A família, por sua vez, necessita de tempo, atenção e cuidados. A sobrevivência financeira se coloca como uma batalha constante, especialmente em tempos de instabilidade econômica. Dentro dessa realidade, muitas pessoas se veem sufocadas, incapazes de encontrar descanso e paz. No entanto, o Salmo 46 oferece uma perspectiva profundamente contracultural: a quietude como resistência.

A modernidade trouxe consigo benefícios inegáveis, mas também uma carga de ansiedade sem precedentes. O mercado de trabalho, altamente competitivo, exige que cada profissional esteja em constante atualização, disposto a entregar mais e com maior rapidez. Paralelamente, a vida familiar apresenta desafios emocionais e práticos. A criação de filhos, o cuidado com parentes mais velhos e a manutenção da harmonia no lar exigem um esforço contínuo.

Além disso, a sobrevivência financeira pesa sobre os ombros de muitos. As contas a pagar, a preocupação com o futuro e o desejo de proporcionar uma vida confortável aos entes queridos criam um estado permanente de alerta. A ansiedade, nesse contexto, não é apenas uma resposta emocional, mas um reflexo das pressões externas que dominam a vida moderna.

Por trás de tudo isso está a sensação de insuficiência. Não importa o quanto se faça, parece que nunca é o bastante. A busca pela realização e pela estabilidade financeira se torna uma corrida interminável, deixando pouco espaço para reflexão, descanso ou espiritualidade.

O Salmo 46 surge como uma âncora em meio ao caos da vida cotidiana. Em um dos trechos mais conhecidos desse texto, o salmista declara: “Aquietai-vos, e sabei que eu sou Deus”. Essa afirmação carrega um chamado à resistência. A quietude, nesse contexto, não é inércia, mas uma atitude ativa de confiança em Deus.

A ansiedade nos impulsiona a agir, a fazer mais, a correr para resolver problemas que muitas vezes estão além do nosso controle. O Salmo 46 oferece uma alternativa: parar e confiar. Essa confiança não se baseia na capacidade humana de resolver situações, mas na soberania de Deus. O salmista descreve um cenário de desordem, com montanhas sendo abaladas e águas rugindo, mas ainda assim afirma que Deus é um refúgio e fortaleza, uma ajuda sempre presente na angústia.

Essa perspectiva é profundamente libertadora. Em um mundo que valoriza o desempenho e a produtividade, o Salmo 46 nos lembra que o descanso não é uma concessão, mas uma necessidade. A quietude diante de Deus é um ato de oposição contra o ritmo frenético da sociedade moderna.

Para inserir a quietude em meio à correria cotidiana, práticas espirituais são essenciais. Entre elas, a oração, a meditação bíblica e o descanso se destacam como formas de desacelerar e reencontrar equilíbrio.

A oração é mais do que um ato de fala; é um momento de conexão profunda com Deus. Em um mundo ansioso, onde os pensamentos frequentemente correm em direções desordenadas, a oração oferece uma pausa. É uma oportunidade de entregar ansiedades, confessar fraquezas e buscar orientação.

Filipenses 4:6-7 reforça esse papel da oração: "Não andem ansiosos por coisa alguma, mas em tudo, pela oração e súplicas, e com ação de graças, apresentem seus pedidos a Deus. E a paz de Deus, que excede todo o entendimento, guardará os seus corações e as suas mentes em Cristo Jesus".

A oração não elimina os problemas, mas muda a perspectiva. Ela lembra que Deus está presente e que sua paz está disponível, mesmo em meio às dificuldades.

A meditação bíblica é uma prática que permite desacelerar e mergulhar na Palavra de Deus. Diferente de uma leitura rápida, a meditação envolve tempo, reflexão e aplicação. Passagens como o Salmo 46 podem ser meditadas lentamente, permitindo que suas verdades penetrem o coração e a mente.

Josué 1:8 exorta: "Não deixe de falar as palavras deste Livro da Lei e de meditar nelas de dia e de noite, para que você cumpra fielmente tudo o que nele está escrito. Só então os seus caminhos prosperarão e você será bem-sucedido".

A meditação bíblica é uma prática que combate a ansiedade porque reorienta os pensamentos. Em vez de focar nas pressões e preocupações, a mente se fixa nas promessas e no caráter de Deus.

O descanso sabático, instituído por Deus na criação, é uma prática que confronta diretamente a cultura do desempenho. Em Êxodo 20:8-10, Deus ordena: "Lembre-se do dia de sábado, para santificá-lo. Trabalhe seis dias e faça todo o seu trabalho, mas o sétimo dia é o sábado dedicado ao Senhor, o seu Deus".

O sábado não é apenas um dia de descanso físico, mas também um tempo de reconexão espiritual. Ele redefine prioridades, lembrando que a identidade não está no que se faz, mas no relacionamento com Deus. Vale ressaltar que mais do que o dia do sábado em si, o objetivo do mandamento é reforçar a ideia de que além dos dias de trabalho, precisa necessariamente também existir o dia do descanso. Ainda que não seja o sábado. Na atualidade este dia muitas vezes é o domingo, contudo, todo ser humano precisa e deve descansar. Caso contrário, uma hora irá experimentar da exaustão. E Deus, já sabendo disso, em sua misericórdia e graça nos ordenou descansar.

Na sociedade moderna, o conceito de um dia de descanso pode parecer impossível para muitos, mas a prática do descanso não precisa estar limitada a um único dia. Ele representa uma atitude de vida, onde se cria espaço regular para parar, refletir e descansar em Deus.

Integrar a oração, a meditação bíblica e o descanso na rotina não é apenas um ato de espiritualidade, mas também de sobrevivência. Essas práticas não eliminam as pressões do trabalho, da família ou das finanças, mas oferecem uma nova perspectiva.

A ansiedade é frequentemente alimentada pela sensação de que tudo depende de esforço pessoal. Quando essas práticas são incorporadas, a verdade do Salmo 46 se torna uma realidade: Deus é um refúgio e fortaleza. Ele não está distante, mas presente, pronto para sustentar e guiar.

Em última análise, a quietude diante de Deus é uma resposta à correria frenética da vida moderna. É um lembrete de que, embora as demandas sejam reais e os desafios sejam intensos, há uma força maior que sustenta e uma paz que transcende o entendimento humano.

A oferta do Salmo 46 é clara: aquietar-se é um convite à confiança. E, ao confiar, a ansiedade perde seu domínio, dando lugar à paz que somente Deus pode proporcionar.

CAPÍTULO 04

A ilusão do "eu dou conta"

O peso de corresponder às expectativas alheias tem sido uma constante na experiência humana, mas nunca como na sociedade contemporânea. Em uma era marcada por redes sociais, culturas corporativas exigentes e relações interpessoais intensamente condicionadas pelo sucesso, o esforço para agradar e impressionar os outros tornou-se uma fonte significativa de sofrimento psicológico. A busca por aprovação e reconhecimento, mesmo quando camuflada sob o disfarce de excelência ou ambição, frequentemente leva a um estado de exaustão emocional e espiritual. Essa dinâmica pode ser entendida não apenas como uma questão psicológica, mas também teológica. A Escritura adverte sobre o perigo de se tornar escravo da aprovação humana, uma forma moderna de idolatria. Gálatas 2:20 oferece um contraste poderoso a essa realidade, apontando para uma vida guiada pela fé no Filho de Deus, em vez de se apoiar na força própria ou na validação dos outros.

A pressão para corresponder às expectativas externas começa cedo, muitas vezes já na infância. Pais, professores e até amigos criam um ambiente onde o sucesso é medido por padrões de desempenho. A sociedade estabelece critérios de validação baseados em conquistas acadêmicas, realizações profissionais, estabilidade financeira e habilidades interpessoais.

À medida que os indivíduos tentam atender a essas demandas, a ansiedade e a insegurança aumentam. Estudos psicológicos demonstram que a busca incessante por aprovação está associada a altos níveis de estresse, depressão e baixa autoestima. O fracasso em alcançar o que outros esperam pode gerar um sentimento de inadequação tão profundo que muitas pessoas acabam desenvolvendo uma visão distorcida de si mesmas, acreditando que seu valor está atrelado ao que produzem ou como são vistas.

O impacto psicológico dessa pressão se manifesta de várias formas. Perfeccionismo, medo de rejeição e um senso constante de insuficiência se tornam companheiros frequentes. Aqueles que tentam sustentar as expectativas alheias frequentemente negligenciam suas próprias necessidades emocionais, espirituais e físicas, entrando em um ciclo de autossacrifício que raramente resulta em verdadeira paz ou satisfação.

A busca pela aprovação alheia não é apenas um problema psicológico; é também uma questão espiritual. De acordo com as escrituras, qualquer coisa que ocupe o lugar de Deus no coração humano é considerada idolatria. Isso inclui o desempenho. Quando o sucesso e a aceitação se tornam os critérios pelos quais uma vida é avaliada, o desempenho assume um papel central na identidade e no propósito do indivíduo.

Em Gálatas 1:10, o apóstolo Paulo questiona: "Acaso busco eu agora a aprovação dos homens ou a de Deus? Ou estou tentando agradar a homens? Se eu ainda estivesse tentando agradar a homens, não seria servo de Cristo". Esse versículo destaca a tensão entre viver para agradar a Deus e viver para agradar aos outros.

A idolatria do desempenho é sutil porque frequentemente se apresenta como algo positivo. A dedicação ao trabalho, o esforço para ser um bom pai ou amigo, ou a busca por excelência são virtudes quando alinhadas com a vontade de Deus. No entanto, quando essas coisas se tornam o centro da vida, elas passam a rivalizar com Deus, roubando o lugar que deveria ser exclusivamente dele.

Essa idolatria é insaciável. Ao contrário de Deus, que oferece graça e aceitação, os ídolos exigem mais esforço, mais sacrifício e mais resultados, sem nunca proporcionar descanso. A idolatria do desempenho perpetua a ilusão de que a identidade e o valor dependem do que se faz, enquanto a mensagem do Evangelho afirma que a verdadeira identidade está em quem Deus é e no que ele já realizou em Cristo.

O antídoto para a idolatria do desempenho está em Gálatas 2:20: "Fui crucificado com Cristo. Assim, já não sou eu quem vive, mas Cristo vive em mim. A vida que agora vivo no corpo, vivo-a pela fé no Filho de Deus, que me amou e se entregou por mim".

Esse versículo oferece uma libertação radical da necessidade de agradar aos outros ou de construir uma identidade baseada no desempenho. Ele afirma que a vida cristã não é sustentada pela força humana, mas pela fé em Cristo. A cruz redefine o valor humano, removendo-o das mãos do esforço próprio e colocando-o firmemente na graça divina.

A frase "já não sou eu quem vive, mas Cristo vive em mim" é central para entender a liberdade cristã. A vida centrada em Cristo não elimina as responsabilidades ou o trabalho árduo, mas redefine suas motivações. Trabalhar, servir e relacionar-se deixam de ser esforços para ganhar aceitação e se tornam expressões de gratidão pelo amor de Deus.

Viver pela fé no Filho de Deus também significa descansar na obra consumada de Cristo. Em vez de lutar para sustentar expectativas impossíveis, o cristão pode confiar na suficiência de Cristo. Ele já conquistou o favor de Deus, e essa verdade oferece paz em meio às pressões da vida.

A idolatria do desempenho está frequentemente enraizada no desejo de controle. O ser humano anseia por prever, planejar e gerenciar cada aspecto da vida, buscando segurança em suas próprias habilidades. No entanto, essa busca incessante por controle leva à exaustão.

O salmista declara em Salmos 127:2: "É inútil levantar cedo e dormir tarde, trabalhando arduamente por alimento. O Senhor concede sono àqueles a quem ama". Esse versículo sublinha a inutilidade de uma vida baseada no esforço incessante e na autossuficiência.

Deus não exige perfeição ou desempenho impecável. Pelo contrário, ele convida à rendição e à dependência. A fraqueza humana não é uma falha a ser superada, mas uma oportunidade para experimentar o poder de Deus.

A dependência de Deus é o caminho para superar a exaustão. Isso envolve reconhecer os próprios limites, abandonar a necessidade de controle e confiar que Deus é fiel para prover tudo o que é necessário.

Para quebrar o ciclo da idolatria do desempenho e das expectativas alheias, algumas práticas podem ser úteis.

1. Silêncio e oração

O silêncio diante de Deus oferece um espaço para refletir sobre as motivações do coração. Em oração, é possível confessar o desejo de agradar aos outros e buscar a renovação do Espírito Santo.

2. Meditação na Palavra de Deus

Passagens como Gálatas 2:20 e Mateus 11:28-30 oferecem uma perspectiva libertadora. Meditar nessas verdades ajuda a realinhar o foco para Deus e sua graça.

3. Comunidade Cristã

A vivência em comunidade é essencial para lembrar que a aceitação não depende de desempenho. Ir mãos na fé podem oferecer encorajamento e supor te em tempos de luta.

4. Práticas de descanso

Descansar intencionalmente é um ato de confian ça em Deus. Seja dedicando um dia à semana para o descanso ou aprendendo a dizer "não" a demandas excessivas, o descanso é uma forma de resistir à idolatria do desempenho.

Conclusão

Sustentar as expectativas dos outros é um peso que ninguém foi chamado a carregar. O Evangelho oferece uma alternativa: viver pela fé no Filho de Deus. Ao confiar em Cristo, a identidade não está mais fundamentada no desempenho, mas na graça. Esse é o convite das Escrituras: abandonar o fardo da aprovação alheia e encontrar liberdade no amor de Deus.

CAPÍTULO 05

O peso emocional das relações

As relações humanas são, simultaneamente, uma das maiores fontes de alegria e uma das principais causas de cansaço emocional. Dentro do contexto familiar, nas amizades ou em interações sociais mais amplas, o desgaste relacional é inevitável. Conflitos não resolvidos, expectativas frustradas e a fragilidade dos laços podem levar a um sentimento de exaustão que parece se aprofundar com o passar do tempo. Em meio a essas tensões, o amor ágape, que transcende as limitações humanas, emerge como um caminho de cura. Esse amor divino, acompanhado do perdão ensinado em Efésios 4:32, oferece libertação e descanso emocional para aqueles que carregam o peso do cansaço relacional.

Os conflitos familiares são uma realidade em quase todas as casas. Mesmo nos relacionamentos mais próximos, como entre cônjuges, pais e filhos ou irmãos, as diferenças individuais frequentemente resultam em atritos. Pequenos desentendimentos podem escalar para grandes rupturas quando não tratados, enquanto ressentimentos não resolvidos acumulam-se ao longo dos anos, criando barreiras emocionais que parecem intransponíveis.

Muitas famílias vivem sob um clima de tensão contínuo, onde palavras não ditas ou mal-entendidos corroem os laços que deveriam ser fonte de conforto e segurança.

Além dos conflitos, a solidão dentro da própria família é outra forma de cansaço relacional. Mesmo em lares cheios, é possível experimentar a sensação de estar isolado emocionalmente. A falta de conexão profunda, a ausência de empatia ou a rotina acelerada podem distanciar membros da família, fazendo com que cada indivíduo carregue suas lutas em silêncio. Esse tipo de solidão é particularmente doloroso porque contrasta com a proximidade física e a expectativa de que a família seja um espaço de acolhimento.

No âmbito das amizades, a fragilidade dos laços é cada vez mais evidente na cultura contemporânea. A superficialidade das interações, muitas vezes limitada a redes sociais ou contatos esporádicos, contrasta com a necessidade humana de relacionamentos profundos e significativos. Amizades que deveriam ser fonte de apoio e ânimo muitas vezes se tornam espaços de comparação, competição ou frustração.

A sensação de que amigos estão disponíveis apenas nos momentos convenientes pode gerar um sentimento de abandono, ampliando o peso emocional que muitos carregam.

A raiz desse cansaço relacional encontra-se, em grande parte, no egoísmo humano. A busca por satisfação própria, o orgulho e a falta de disposição para ouvir ou compreender o outro criam barreiras difíceis de transpor. A cultura moderna, com sua ênfase na individualidade e na autossuficiência, contribui para enfraquecer os laços. Relacionamentos exigem entrega, vulnerabilidade e compromisso, características que muitas vezes se chocam com os valores de uma sociedade que valoriza a conveniência e o imediatismo.

Nesse cenário, o amor ágape surge como a resposta divina ao cansaço relacional. Diferente do amor condicional que caracteriza muitas relações humanas, o amor ágape é incondicional, sacrificial e voltado para o bem do outro. É o amor que Jesus demonstrou na cruz, e que os cristãos são chamados a refletir em suas relações. Esse amor não depende de mérito ou reciprocidade, mas é uma escolha consciente de agir com bondade, compaixão e generosidade, mesmo quando o outro não corresponde.

Efésios 4:32 encapsula essa atitude ao exortar: "Sejam bondosos e compassivos uns para com os outros, perdoando-se mutuamente, assim como Deus os perdoou em Cristo". Esse versículo conecta a prática do perdão com o exemplo do próprio Deus. O perdão não é apenas um ato de generosidade; é também uma forma de libertação. Quando se escolhe perdoar, não se trata de ignorar o erro ou minimizar a dor causada, mas de libertar-se do peso emocional que o ressentimento carrega.

O perdão tem um impacto significativo na saúde emocional. Estudos mostram que pessoas que praticam o perdão experimentam menos estresse, ansiedade e depressão. Isso ocorre porque o ato de perdoar interrompe o ciclo de amargura que consome energia emocional e mental. Ao perdoar, a mente é liberada para se concentrar em aspectos mais positivos da vida, e as relações têm a chance de se renovar.

O amor ágape também transforma a forma como os conflitos são abordados. Em vez de insistir em ganhar uma discussão ou provar um ponto de vista, o amor busca a paz e a reconciliação. Ele prioriza o relacionamento acima do ego ou das preferências pessoais. Isso não significa evitar confrontos, mas abordá-los com humildade e o desejo sincero de restaurar o que foi quebrado.

Além disso, o amor ágape oferece consolo em momentos de solidão. A experiência de ser amado incondicionalmente por Deus fornece uma base sólida para enfrentar a ausência de conexão humana. Embora a solidão relacional seja dolorosa, a certeza do amor de Deus preenche o vazio e capacita a buscar novos relacionamentos com coragem e esperança.

Práticas espirituais são ferramentas essenciais para incorporar o amor ágape e o perdão no cotidiano. A oração é um meio poderoso de buscar sabedoria e paciência para lidar com relacionamentos difíceis. Meditar na Palavra de Deus ajuda a alinhar o coração com os valores do Reino, fortalecendo a disposição de agir com graça e bondade. Cultivar a gratidão também transforma a perspectiva sobre as pessoas, permitindo que suas qualidades sejam apreciadas em vez de se concentrar em suas falhas.

A comunidade cristã desempenha um papel vital nesse processo. Relacionar-se com outros crentes oferece oportunidades para aprender e praticar o amor ágape em um ambiente de apoio mútuo. Em muitos casos, a presença de mentores espirituais ou conselheiros na igreja pode ser um recurso valioso para ajudar a navegar por relacionamentos complexos.

Por fim, a dependência de Deus é fundamental para superar o cansaço relacional. O amor ágape não é algo que o ser humano pode produzir sozinho; ele é fruto do Espírito Santo. Gálatas 5:22-23 descreve o amor como o primeiro fruto do Espírito, enfatizando que é a obra de Deus no coração que permite amar incondicionalmente. Confiar em Deus para guiar as interações e transformar os relacionamentos é o caminho para encontrar descanso emocional e espiritual em meio às dificuldades.

O cansaço relacional, seja em conflitos familiares, amizades frágeis ou momentos de solidão, é uma realidade que todos enfrentam. No entanto, a oferta de amor ágape e perdão, como exemplificado em Efésios 4:32, aponta para uma solução que vai além das capacidades humanas. Por meio da prática do amor divino e da libertação que o perdão proporciona, é possível experimentar cura e renovação nos relacionamentos, encontrando descanso para as emoções cansadas.

CAPÍTULO 06

Quando o corpo reclama

A relação entre espírito, alma e corpo é intrínseca e profundamente interconectada. Essas dimensões, que compõem a totalidade do ser humano, não operam isoladamente, mas afetam-se mutuamente. O cansaço emocional e espiritual, muitas vezes negligenciado ou minimizado, pode ter repercussões diretas na saúde física. Este fenômeno é particularmente evidente quando se considera o aumento de doenças psicossomáticas, que demonstram como o estado interior influencia a condição corporal. O Salmo 23, um texto conhecido por seu tom de conforto e restauração, oferece uma perspectiva bíblica que reconhece essa unidade do ser humano. O Deus que renova a alma é também o Deus que restaura o vigor físico, oferecendo um caminho para lidar com o cansaço integral.

O cansaço espiritual é caracterizado por uma sensação de desconexão com Deus, perda de propósito ou esgotamento na caminhada de fé. Esse estado pode surgir de diversas fontes, como lutas pessoais, decepções, sobrecarga ministerial ou a sensação de que as orações não encontram respostas. Quando a vida espiritual entra em um estado de letargia, o impacto não se limita à dimensão do espírito; a mente e o corpo também sofrem.

A falta de motivação para atividades cotidianas, a dificuldade em se concentrar e até sintomas físicos como dores de cabeça, insônia e alterações no apetite podem ser manifestações de um coração espiritualmente cansado.

De forma semelhante, o cansaço emocional é resultado do acúmulo de tensões, conflitos e pressões da vida diária. O ambiente de trabalho, os desafios familiares, as expectativas sociais e a própria luta interna contra medos e inseguranças criam uma carga que, quando não aliviada, se torna insustentável. A saúde física é frequentemente a primeira a sinalizar que algo está errado: doenças cardiovasculares, problemas gastrointestinais, dores musculares e fadiga crônica podem ser sintomas do peso emocional carregado.

A antropologia cristã oferece uma perspectiva rica para entender essas interações. Corpo, alma e espírito não são compartimentos estanques, mas uma unidade harmônica criada por Deus. A queda da humanidade no pecado introduziu desequilíbrios que afetam todas essas dimensões. No entanto, a mensagem bíblica aponta para a restauração integral por meio de um relacionamento com o Criador. Quando o Salmo 23 declara: "Restaura-me o vigor", reconhece que Deus se importa com todas as áreas da vida humana, sendo ele a fonte de renovação para o corpo fatigado, a alma angustiada e o espírito enfraquecido.

O impacto do cansaço integral na saúde física tem sido amplamente estudado pela ciência médica. A tensão emocional prolongada, por exemplo, estimula a liberação contínua de hormônios do estresse, como o cortisol. Em curto prazo, essa resposta é essencial para a sobrevivência, mas quando prolongada, causa desgaste no sistema imunológico, aumento da pressão arterial e desequilíbrios metabólicos. Da mesma forma, o cansaço espiritual pode levar a sentimentos de culpa ou vergonha mal resolvidos, que se manifestam como sintomas físicos, incluindo dores e fadiga.

O Salmo 23 não apenas reconhece a realidade do cansaço, mas também oferece um caminho para a restauração. A imagem do Senhor como pastor sugere cuidado, orientação e provisão em meio às lutas da vida. Quando o texto declara: "Ele me faz repousar em pastos verdes e me conduz a águas tranquilas", evoca a ideia de descanso verdadeiro e renovador.

Esse descanso não é apenas uma pausa física, mas também uma renovação espiritual e emocional. A paz que vem de um relacionamento íntimo com Deus pode aliviar tensões que o corpo, por si só, não consegue resolver.

Práticas espirituais, como a oração, a meditação nas Escrituras e a adoração, são ferramentas poderosas para combater o cansaço espiritual e emocional. Estudos mostram que atividades contemplativas têm um efeito calmante no sistema nervoso, reduzindo os níveis de estresse e promovendo bem-estar geral. Para o cristão, essas práticas não são apenas estratégias terapêuticas; são meios de experimentar a presença restauradora de Deus. O Salmo 23 convida à confiança no cuidado divino, uma confiança que traz alívio tanto para a alma inquieta quanto para o corpo exausto.

Além disso, a prática do descanso é um elemento essencial na recuperação integral. No contexto bíblico, o descanso é mais do que um dia de pausa; é um lembrete da dependência de Deus e um convite ao repouso em sua provisão. Essa prática contraria a cultura contemporânea, que valoriza a produtividade incessante e ignora os limites do corpo e da mente. O descanso ordenado por Deus é uma expressão de fé e uma maneira de reconhecer que a força humana não é suficiente para sustentar a vida.

Conflitos e pressões relacionais também contribuem significativamente para o cansaço integral. As demandas de agradar, resolver ou manter relacionamentos podem drenar a energia emocional e, consequentemente, afetar o corpo. O Salmo 23 fala de um Deus que prepara uma mesa na presença dos inimigos, uma imagem que transmite segurança e paz, mesmo em meio a tensões externas. Essa confiança em Deus como aquele que sustenta e protege permite que o coração encontre descanso, independentemente das circunstâncias.

A dependência de Deus, no entanto, não elimina a responsabilidade de cuidar do corpo. A Bíblia não separa a espiritualidade da vida prática. A alimentação saudável, o sono adequado e a atividade física são aspectos importantes para combater o impacto do cansaço integral. Quando a Palavra de Deus encoraja o descanso e a renovação, também aponta para a necessidade de uma vida equilibrada, onde as necessidades do corpo sejam atendidas de maneira responsável.

Outro aspecto importante é a comunidade. O apoio de irmãos na fé oferece um ambiente onde o cansaço pode ser compartilhado e as cargas aliviadas. A oração comunitária, o encorajamento mútuo e a vivência em unidade criam um espaço onde o cansaço espiritual e emocional pode ser confrontado e tratado. O Salmo 23 não é apenas uma promessa individual, mas também uma verdade coletiva: o Deus que guia é o Deus de um povo, e a restauração muitas vezes ocorre em um contexto de comunidade.

A restauração descrita no Salmo 23 não é instantânea, mas é um processo contínuo. A renovação de forças, tanto físicas quanto espirituais, exige tempo e perseverança. A cultura contemporânea busca soluções rápidas para problemas complexos, mas o descanso verdadeiro vem de uma caminhada diária com Deus. É nesse relacionamento constante que as forças são renovadas, permitindo que corpo, alma e espírito encontrem equilíbrio e paz.

Em um mundo marcado pela correria, a mensagem do Salmo 23 é um lembrete poderoso da necessidade de desacelerar e confiar no cuidado de Deus. O impacto do cansaço espiritual e emocional na saúde física não deve ser ignorado, mas enfrentado com as ferramentas que Deus providenciou: sua Palavra, a oração, o descanso e a comunidade. Esse é o caminho para uma vida plena, onde o corpo encontra vigor, a alma encontra paz e o espírito encontra renovação.

CAPÍTULO 07

O silêncio de Deus no meio ao cansaço

A sensação de abandono espiritual é uma experiência comum em momentos de crise. Nos períodos mais difíceis da vida, a percepção de que Deus está distante ou ausente pode se tornar avassaladora. Muitos cristãos, mesmo os mais fiéis, enfrentam o que é frequentemente chamado de "noite escura da alma", um estado de profundo desamparo espiritual em que a presença divina parece inacessível. Essa experiência não é nova. Ela é registrada em várias partes das Escrituras e também no testemunho de grandes figuras da fé ao longo da história.

Contudo, é precisamente nesses momentos de silêncio que se abre a oportunidade para reflexões teológicas mais profundas sobre a natureza de Deus, o propósito do sofrimento e a maneira como ele trabalha, mesmo quando parece estar em silêncio.

A Bíblia é repleta de exemplos de homens e mulheres que enfrentaram o aparente silêncio de Deus. O salmista clama: "Até quando, Senhor? Para sempre te esquecerás de mim?" (Salmos 13:1), revelando a angústia de um coração que anseia pela intervenção do Senhor. Jó, conhecido por sua paciência em meio ao sofrimento, também enfrentou momentos em que não conseguia perceber a presença de Deus, dizendo: "Procuro-o no oriente, e não o encontro; no ocidente, e não vejo sinal dele" (Jó 23:8). Esses relatos demonstram que a sensação de abandono espiritual não é incomum e não é necessariamente um reflexo de falta de fé, mas sim uma característica da experiência humana em um mundo marcado pela dor e pela incerteza.

Isaías 40:31 oferece um contraste significativo a essa sensação de abandono: "Mas os que esperam no Senhor renovam as suas forças. Voam alto como águias; correm e não ficam exaustos, andam e não se cansam". Essa promessa não elimina a realidade de períodos de espera e silêncio, mas aponta para um propósito maior. O chamado à espera não é passivo, mas ativo.

Esperar no Senhor é um ato de fé, um posicionamento que reconhece que Deus é soberano e está agindo, mesmo quando sua ação não é visível ou imediata.

O silêncio de Deus, ao contrário do que pode parecer, não é uma indicação de abandono. Mas de acordo com a palavra de Deus, o silêncio pode ter vários propósitos. Primeiramente, ele pode servir para o fortalecimento da fé. Quando Deus parece distante, a fé é desafiada a crescer em maturidade, buscando não apenas as bênçãos de Deus, mas o próprio Deus. É um convite para confiar em quem ele é, mesmo quando suas obras não são evidentes.

Além disso, o silêncio de Deus pode ser uma forma de revelar as áreas do coração humano que precisam de transformação. A sensação de abandono muitas vezes expõe o orgulho, a impaciência ou a dependência excessiva de respostas imediatas. É no vazio aparente que a alma é confrontada com suas próprias limitações e convidada a reconhecer sua total dependência do Criador.

O silêncio também pode ser pedagógico. Deus ensina, muitas vezes, de formas que não envolvem palavras ou intervenções visíveis. Ele trabalha na interioridade do coração humano, moldando caráter, perseverança e confiança. O apóstolo Paulo afirma em Romanos 5:3-4 que o sofrimento produz perseverança, a perseverança, caráter, e o caráter, esperança. Essa cadeia de transformação frequentemente ocorre em meio ao aparente silêncio de Deus.

Isaías 40:31 apresenta uma metáfora poderosa para ilustrar o resultado de esperar em Deus: "Voam alto como águias". A águia é conhecida por sua capacidade de subir acima das tempestades, utilizando as correntes de vento para elevar-se a altitudes inacessíveis a outras aves. De forma semelhante, aqueles que esperam no Senhor recebem forças renovadas para enfrentar os desafios com uma perspectiva mais ampla e com uma confiança que transcende as circunstâncias.

No entanto, a espera não é fácil. Em uma cultura que valoriza a rapidez e a eficiência, esperar pode parecer perda de tempo ou sinal de fraqueza. A sociedade contemporânea, com suas soluções imediatas e respostas rápidas, tem pouca paciência para lidar com o silêncio, especialmente o divino. Essa realidade cultural agrava a sensação de abandono espiritual, tornando ainda mais difícil perceber que o silêncio de Deus não é um sinal de sua ausência, mas de sua forma de agir em seu tempo perfeito.

A experiência de Jesus na cruz é o exemplo supremo de como Deus pode estar presente mesmo em momentos de aparente abandono. Ao clamar: "Deus meu, Deus meu, por que me desamparaste?" (Mateus 27:46), Jesus expressa a profundidade do sofrimento humano. No entanto, esse grito de desespero não é o fim da história. A ressurreição demonstra que Deus estava presente, mesmo no momento mais escuro, trazendo redenção e vitória. Esse episódio oferece esperança para aqueles que enfrentam o silêncio divino, lembrando que Deus está agindo, mesmo quando parece ausente.

Práticas espirituais podem ajudar a enfrentar o sentimento de abandono e a cultivar uma postura de espera ativa. A oração, mesmo em sua forma mais simples e angustiada, é uma forma de manter a conexão com Deus. Os Salmos oferecem um exemplo de como expressar honestidade diante de Deus, sem medo de reconhecer a dor ou a dúvida. A meditação nas Escrituras também ajuda a renovar a mente e a lembrar das promessas divinas, como as de Isaías 40:31, que asseguram a renovação de forças para aqueles que esperam no Senhor.

Além disso, a comunidade de fé desempenha um papel vital. Compartilhar as lutas espirituais com outros pode aliviar a carga e lembrar que ninguém está sozinho em sua caminhada. A igreja, como corpo de Cristo, é chamada a carregar os fardos uns dos outros, criando um espaço onde o cansaço espiritual e a sensação de abandono possam ser confrontados com graça e apoio mútuo.

A sensação de abandono espiritual é uma experiência dolorosa, mas não é o fim da jornada de fé. Isaías 40:31 nos lembra que há renovação para aqueles que esperam no Senhor. O silêncio divino, embora difícil de suportar, pode ser um instrumento de transformação, levando o coração humano a uma dependência mais profunda de Deus. Ao reconhecer o propósito do silêncio e confiar na promessa de renovação, é possível encontrar força, mesmo nos momentos mais sombrios, e descobrir que Deus nunca está verdadeiramente ausente. Ele trabalha de formas que vão além da compreensão humana, moldando o caráter e trazendo descanso às almas cansadas.

CAPÍTULO 08

Quando o serviço para o Reino **se torna um peso**

O esgotamento espiritual de líderes e servos na igreja é um fenômeno cada vez mais comum, à medida que o ritmo da vida moderna e as pressões da liderança cristã se intensificam. Aqueles que dedicam suas vidas ao serviço no contexto comunitário frequentemente enfrentam o peso de expectativas elevadas, tanto externas quanto internas.

Esse cansaço, muitas vezes, não é apenas físico, mas profundamente espiritual, afetando a relação com Deus e a motivação para o ministério. No entanto, a Bíblia oferece direcionamentos que ajudam a ressignificar o serviço, evitando que ele se torne um fardo insustentável e apontando para um culto racional que renova, em vez de esgotar, como descrito em Romanos 12:1.

O serviço na igreja é, em essência, uma resposta ao amor de Deus. O apóstolo Paulo escreve em Romanos 12:1: "Rogo-vos, pois, irmãos, pelas misericórdias de Deus, que apresenteis os vossos corpos como sacrifício vivo, santo e agradável a Deus, que é o vosso culto racional". Este chamado ao culto racional convida os cristãos a entregarem suas vidas a Deus como um ato de adoração.

Contudo, é fundamental compreender que esse sacrifício não é realizado para "pagar" por algo ou ganhar mérito diante de Deus, mas como uma resposta à misericórdia já recebida. Quando o serviço é distorcido e tratado como moeda de troca, ele perde sua essência e se torna uma fonte de esgotamento, ao invés de renovação.

O esgotamento espiritual geralmente surge quando o foco do serviço se desloca da relação com Deus para a busca de resultados, reconhecimento ou aprovação humana. Em um contexto eclesiástico, isso pode se manifestar em líderes que se sentem pressionados a alcançar metas numéricas, a atender demandas ininterruptas ou a manter uma imagem de perfeição.

Servos e voluntários, por sua vez, podem carregar o peso de agradar aos outros, de suprir expectativas irreais ou de assumir responsabilidades além de suas forças. Esse tipo de abordagem transforma o serviço em uma obrigação pesada, contrária ao que Jesus prometeu em Mateus 11:28-30: "Vinde a mim, todos os que estais cansados e sobrecarregados, e eu vos aliviarei. Tomai sobre vós o meu jugo e aprendei de mim, porque sou manso e humilde de coração, e encontrareis descanso para as vossas almas".

Além das pressões externas, o esgotamento também pode ser resultado de uma teologia inadequada do serviço. Muitos cristãos assumem que servir a Deus significa sacrificar-se sem limites, independentemente de suas capacidades físicas, emocionais ou espirituais. Embora a Bíblia ensine sobre a importância do sacrifício e da dedicação, ela também destaca a necessidade de equilíbrio e renovação.

O próprio Jesus, ao longo de seu ministério, buscava momentos de solitude e descanso (Marcos 1:35; Lucas 5:16). Esse exemplo mostra que até mesmo o Filho de Deus, em sua humanidade, reconhecia a importância de recarregar suas forças.

A espiritualidade cristã oferece um antídoto para o esgotamento: a centralidade da graça. O serviço cristão não é baseado no desempenho ou na capacidade humana, mas na graça de Deus, que capacita e renova. O apóstolo Pedro escreve em 1 Pedro 4:11: "Se alguém serve, faça-o na força que Deus provê, para que, em todas as coisas, Deus seja glorificado por meio de Jesus Cristo". Essa perspectiva desloca o peso do serviço das mãos humanas para a dependência da força divina, lembrando que a obra não é nossa, mas de Deus.

Além disso, o serviço deve ser orientado por amor, e não por obrigação. Em 1 Coríntios 13, Paulo enfatiza que qualquer obra, por maior que seja, perde seu valor se não for realizada com amor. O amor ágape, que reflete o caráter de Deus, é o fundamento de todo serviço genuíno. Esse amor não impõe fardos pesados, mas convida a servir com alegria, mesmo em meio às dificuldades.

No entanto, a prática desse ideal enfrenta desafios concretos. O cansaço pode levar à perda de entusiasmo, à sensação de inutilidade e, em casos extremos, ao abandono do ministério. Para evitar isso, é essencial adotar práticas que promovam a saúde espiritual, emocional e física. O descanso, frequentemente negligenciado, é uma prática bíblica e espiritual. O sábado, instituído por Deus na criação, não é apenas um mandamento, mas uma dádiva para o bem-estar humano (Êxodo 20:8-11). Ele reflete a confiança de que Deus está no controle e que o mundo não depende exclusivamente do esforço humano.

A oração é outra prática indispensável. Não apenas como um pedido de força, mas como um momento de comunhão com Deus, em que se encontra renovação e perspectiva. Jesus, em João 15:5, afirma: "Sem mim, nada podeis fazer". A oração lembra ao servo que sua capacidade vem de Deus, e não de si mesmo.

A igreja também desempenha um papel crucial na prevenção do esgotamento. O apoio mútuo, a divisão de responsabilidades e a valorização dos dons individuais fortalecem os laços e reduzem o peso sobre os ombros de uma única pessoa. O apóstolo Paulo, em Gálatas 6:2, encoraja: "Levai as cargas uns dos outros e, assim, cumprireis a lei de Cristo". A igreja deve ser um espaço onde líderes e servos possam encontrar suporte, em vez de sentir-se sobrecarregados por expectativas irreais.

Outro aspecto importante é a prática da autocompaixão. Muitos líderes e servos são extremamente críticos consigo mesmos, julgando-se com base em padrões perfeccionistas. É necessário lembrar que Deus conhece as limitações humanas e não exige perfeição, mas fidelidade. Ele valoriza um coração disposto mais do que a quantidade ou qualidade do trabalho realizado.

Finalmente, o culto racional descrito em Romanos 12:1 oferece uma visão libertadora do serviço cristão. Quando o serviço é feito como um ato de adoração, e não como uma tentativa de alcançar mérito, ele deixa de ser um peso e se torna uma fonte de renovação. A adoração genuína, que envolve todo o ser, alinha o coração humano com a vontade de Deus, trazendo paz e propósito.

Portanto, o esgotamento espiritual de líderes e servos na igreja não é inevitável. Ele pode ser enfrentado e prevenido por meio de uma teologia sólida do serviço, que enfatize a graça, o amor e a dependência de Deus.

Práticas como descanso, oração, apoio comunitário e autocompaixão são ferramentas valiosas para manter a saúde espiritual e emocional no contexto do ministério. Ao abraçar o convite de Jesus para um jugo suave e um fardo leve, líderes e servos podem descobrir que o serviço não precisa ser uma fonte de cansaço, mas uma expressão de adoração que renova e transforma.

CAPÍTULO 09

Enfrentando a **culpa de não ser perfeito**

A autoexigência destrutiva e a busca incessante pela perfeição são características profundamente enraizadas na sociedade contemporânea. Esses fenômenos, alimentados pela cultura do desempenho e do "erro zero", têm impacto não apenas nas esferas profissional e pessoal, mas também na espiritualidade.

A pressão por perfeição transforma a vida em uma busca constante por validação e aceitação, um ciclo de ansiedade e culpa que muitas vezes invade a fé cristã, distorcendo a compreensão da graça e da liberdade encontradas em Cristo. Romanos 8:1 declara: "Agora, pois, já nenhuma condenação há para os que estão em Cristo Jesus". Este versículo aponta para uma realidade que desafia a lógica da cultura atual: a liberdade em Cristo elimina a necessidade de buscar uma perfeição inalcançável.

A sociedade moderna valoriza o sucesso visível e a competência impecável. Erros, mesmo pequenos, são frequentemente considerados inaceitáveis, gerando um ambiente de julgamento constante. No ambiente de trabalho, isso se traduz em metas cada vez mais altas, prazos apertados e uma expectativa implícita de que falhar não é uma opção.

Nas relações interpessoais, a busca pela perfeição se manifesta na tentativa de apresentar versões idealizadas de si mesmo, especialmente nas redes sociais, onde a vida parece sempre perfeita e bem-sucedida. Essa cultura não deixa espaço para a vulnerabilidade ou para a aceitação das limitações humanas.

No entanto, o impacto dessa mentalidade vai além das pressões externas; ela molda a maneira como as pessoas se enxergam. A autoexigência extrema frequentemente se traduz em sentimentos de inadequação e vergonha quando a perfeição não é alcançada.

O sociólogo alemão Hartmut Rosa, em seus estudos sobre aceleração social, destaca que a busca incessante por controle e eficiência pode gerar alienação e esgotamento, distanciando as pessoas de si mesmas e das relações significativas. Aplicada à fé cristã, essa mentalidade pode levar a um entendimento equivocado de Deus, como se ele esperasse um desempenho impecável em troca de seu amor e aceitação.

No contexto da fé, a autoexigência pode se manifestar como uma tentativa de cumprir padrões religiosos ou morais de forma impecável. Muitos cristãos, influenciados pela cultura do "erro zero", carregam um peso espiritual desnecessário, acreditando que precisam alcançar uma santidade perfeita para serem aceitos por Deus. Essa mentalidade pode transformar a graça em legalismo, distorcendo a essência do Evangelho. A salvação, porém, não é baseada no esforço humano, mas na obra consumada de Cristo na Cruz.

Romanos 8:1 é um lembrete poderoso dessa verdade: "Agora, pois, já nenhuma condenação há para os que estão em Cristo Jesus". Este versículo não apenas declara a ausência de condenação, mas também aponta para a libertação do fardo de tentar ser perfeito por conta própria. A mensagem central do Evangelho é que Cristo assumiu sobre si a culpa e o peso do pecado, permitindo que aqueles que confiam nele vivam em liberdade. Essa liberdade não significa ausência de responsabilidade, mas sim uma vida vivida em resposta à graça, e não em busca de aprovação divina.

A teologia cristã reconhece a imperfeição como parte intrínseca da condição humana. O pecado e as limitações são realidades que todos enfrentam, mas a boa notícia é que Deus não espera perfeição. Em vez disso, ele convida à dependência dele. Em 2 Coríntios 12:9, o apóstolo Paulo escreve: "A minha graça te basta, porque o poder se aperfeiçoa na fraqueza". Essa declaração desafia diretamente a cultura do "erro zero", oferecendo uma perspectiva em que a vulnerabilidade é vista como um espaço para a ação da graça divina.

Refletindo sociologicamente, a cultura do desempenho perpetua a ideia de que o valor de uma pessoa está diretamente relacionado ao que ela faz ou alcança. Essa visão é especialmente prejudicial em comunidades de fé, onde a autoexigência pode levar à exaustão espiritual. A pressão por ser o "crente ideal" – aquele que ora o suficiente, lê a Bíblia o suficiente, serve o suficiente – pode se tornar um fardo insuportável, minando a alegria e a liberdade que deveriam caracterizar a vida cristã.

Além disso, a busca pela perfeição muitas vezes resulta em uma incapacidade de lidar com o fracasso. Quando a autossuficiência é o objetivo, qualquer erro é visto como uma ameaça à identidade e ao valor pessoal. Na fé cristã, porém, o fracasso não é o fim, mas um ponto de encontro com a misericórdia de Deus. O Evangelho transforma a narrativa do fracasso ao mostrar que a redenção não é alcançada por mérito humano, mas pela graça divina.

A liberdade da condenação em Cristo, como descrita em Romanos 8:1, oferece uma alternativa radical à mentalidade de autoexigência. Ela convida a uma vida centrada em Deus, onde o valor não é determinado pelo desempenho, mas pela identidade como filho amado de Deus. Essa liberdade também permite que os cristãos se envolvam com o mundo de forma mais saudável, aceitando suas limitações e confiando em Deus para suprir suas necessidades.

Práticas espirituais como oração, meditação bíblica e comunhão com outros cristãos são ferramentas que ajudam a combater a pressão da perfeição. Elas reorientam o coração e a mente para a graça de Deus, lembrando que ele é suficiente em meio às fraquezas e imperfeições. A oração, em particular, é um espaço onde as preocupações e os medos podem ser entregues a Deus, trazendo paz e alívio.

A comunhão com os irmãos também desempenha um papel crucial. Uma comunidade que valoriza a autenticidade e a vulnerabilidade pode ser um espaço de cura, onde é possível compartilhar falhas e lutas sem medo de julgamento. Nesse contexto, o amor e a graça de Deus podem ser experimentados de maneira tangível.

Por fim, é essencial lembrar que a busca pela perfeição é, em última análise, uma tentativa de controlar o incontrolável. Ela reflete o desejo humano de ser autossuficiente, uma ilusão que ignora a realidade da dependência de Deus. Reconhecer essa dependência não é um sinal de fraqueza, mas de sabedoria. É um convite para abandonar o peso do perfeccionismo e abraçar a liberdade que vem da confiança em Deus.

O Evangelho de Cristo desafia a lógica da cultura do "erro zero" ao oferecer um caminho de graça, onde o valor não é conquistado, mas recebido. Romanos 8:1 lembra que em Cristo não há condenação, apenas liberdade. Essa liberdade permite viver de forma autêntica, aceitando as imperfeições e confiando na suficiência de Deus para suprir todas as necessidades. A vida cristã, então, não é marcada pela busca exaustiva de perfeição, mas pela alegria e paz que vêm de uma relação com um Deus que ama incondicionalmente.

CAPÍTULO 10

Descanso **não** **é preguiça**

A sociedade contemporânea frequentemente idolatra a produtividade, ao ponto de equiparar a improdutividade à falha moral. Essa mentalidade, amplamente difundida por sistemas econômicos e culturais que privilegiam a eficiência e o desempenho, transforma o descanso em algo visto como fraqueza ou desperdício de tempo.

Contudo, essa visão é profundamente desconectada de perspectivas filosóficas e teológicas mais amplas, que reconhecem o descanso como uma prática necessária e significativa, tanto para o corpo quanto para a alma. Em Êxodo 20:8-11, Deus ordena a observância do sábado como um lembrete de sua soberania e de sua provisão. O mandamento do sábado convida a uma pausa que não é apenas física, mas também espiritual, oferecendo um contraponto ao mito da improdutividade como pecado.

A ideia de que o valor de uma pessoa está intrinsecamente ligado ao que ela produz ou alcança é um fenômeno recente na história humana, intensificado pela Revolução Industrial e consolidado na era contemporânea do capitalismo global. Filósofos como Byung-Chul Han discutem como o "sujeito de desempenho" moderno é impulsionado pela autoexigência, resultando em esgotamento e alienação.

Esse sujeito se define por metas e resultados, acreditando que o descanso é uma interrupção indesejada no fluxo da produtividade. Entretanto, essa obsessão por produtividade ignora a condição humana fundamental: a necessidade de descanso para a renovação e o equilíbrio.

No contexto bíblico, o descanso não é apenas uma necessidade biológica, mas um mandamento divino. Êxodo 20:8-11 estabelece o sábado como um dia santo, separado para o repouso e a adoração. Deus, ao criar o mundo, descansou no sétimo dia, estabelecendo um padrão para a humanidade. Esse descanso não é um sinal de fraqueza, mas um ato de sabedoria e confiança.

Obedecer ao mandamento do sábado (descansar) é reconhecer que o controle final sobre a vida e o sustento não pertence ao ser humano, mas a Deus.

O descanso como expressão de sabedoria também é um tema presente em diversas tradições filosóficas. Aristóteles, por exemplo, via a contemplação como a mais alta forma de atividade humana, um estado que exige pausa e reflexão. A filosofia estoica enfatiza o equilíbrio entre trabalho e descanso, considerando a harmonia interna como essencial para a virtude. Essas tradições ressaltam que o descanso não é improdutivo; ao contrário, ele é um componente necessário de uma vida bem vivida.

No entanto, a sociedade moderna parece ter perdido de vista essas verdades antigas. A idolatria da produtividade levou a uma cultura de ocupação importância e valor. Essa mentalidade frequentemente invade a espiritualidade, fazendo com que muitos vejam a improdutividade como uma forma de pecado. No entanto, a Bíblia apresenta uma visão radicalmente diferente. O descanso não é apenas permitido; ele é ordenado por Deus como uma parte fundamental da criação.

O mandamento do sábado desafia diretamente a ideia de que o valor de uma pessoa está ligado ao que ela faz. Em Êxodo 20:10, o descanso é ordenado não apenas para os líderes, mas também para os servos, os estrangeiros e até os animais. Isso sublinha a igualdade de todos diante de Deus e a necessidade universal de pausa. O sábado é um lembrete de que a provisão vem do Senhor, não do esforço humano. Parar para descansar é, em si, um ato de fé, uma declaração de confiança no cuidado divino.

Além disso, o sábado aponta para uma realidade espiritual mais profunda: a necessidade de encontrar descanso em Deus. Em Hebreus 4, a ideia de descanso é expandida para incluir o descanso eterno oferecido por Cristo. Esse descanso não é apenas físico, mas uma pausa da tentativa incessante de justificar a si mesmo por meio de obras ou realizações. É um descanso para a alma, que se encontra segura na graça de Deus.

A prática do descanso, tanto no sábado quanto em outros momentos, é uma resistência à pressão da produtividade constante. Ela desafia a lógica do sistema econômico que valoriza as pessoas pelo que produzem, e não pelo que são. Descansar é um ato contracultural que afirma a dignidade humana independente de desempenho.

Para os cristãos, o descanso também é uma oportunidade de adoração. Reservar um tempo para se desconectar das preocupações diárias e se concentrar em Deus renova a mente e o espírito. É um lembrete de que a identidade não está no trabalho ou nas realizações, mas em ser um filho amado de Deus. O descanso, assim, se torna uma prática espiritual, um meio de experimentar a paz e a renovação que só Deus pode oferecer.

Práticas espirituais como a oração, a meditação bíblica e o culto na igreja desempenham um papel fundamental nesse processo. Elas ajudam a reorientar o coração e a mente para a realidade de que Deus é suficiente e que o controle final está em suas mãos. A oração, em particular, é um espaço onde as ansiedades e os medos relacionados à produtividade podem ser entregues a Deus, trazendo paz e clareza.

O ato de reservar um dia para descansar, como uma prática regular, também pode ser uma oportunidade de reconexão com a família e a comunidade. Em um mundo cada vez mais fragmentado, reservar tempo para relacionamentos significativos é essencial para o bem-estar emocional e espiritual. Essas conexões ajudam a lembrar que a vida não é apenas sobre fazer, mas também sobre ser e estar com os outros.

No entanto, praticar o descanso em uma sociedade obcecada por produtividade exige intencionalidade e coragem. É preciso resistir à pressão cultural e econômica que valoriza o desempenho acima de tudo. É necessário abraçar uma visão de vida que reconheça a finitude humana e a soberania divina.

O descanso, longe de ser uma improdutividade pecaminosa, é uma expressão de sabedoria e obediência. É um lembrete de que o controle não está nas mãos humanas, mas nas mãos de Deus. Êxodo 20:8-11 nos chama a lembrar o sábado e a santificá-lo, não como um fardo, mas como um presente. O descanso é uma oportunidade de renovar forças, de reconectar com Deus e com os outros, e de encontrar paz em um mundo que nunca para.

No fim, o mito da improdutividade como pecado é desmascarado pela verdade bíblica de que o valor humano não está no que se faz, mas no que se é diante de Deus. O descanso, longe de ser uma interrupção indesejada, é uma parte essencial da vida, uma prova de que a provisão vem de Deus e de que ele está no controle. Descansar é um ato de fé, uma expressão de confiança na soberania divina e um caminho para experimentar a renovação que só Deus pode oferecer.

CAPÍTULO 11

A paz que o mundo **não oferece**

A busca pela paz tem sido uma constante na história da humanidade. Em um mundo marcado por tensões, conflitos e incertezas, a paz é frequentemente idealizada como um estado de tranquilidade e harmonia, algo a ser alcançado por meio de conquistas, posses ou circunstâncias favoráveis. No entanto, essa paz mundana, oferecida pelas estruturas e sistemas humanos, revela-se frequentemente efêmera e superficial. João 14:27 apresenta um contraste radical ao declarar: "Deixo-lhes a paz; a minha paz lhes dou. Não a dou como o mundo a dá. Não se perturbem os seus corações, nem tenham medo". A paz de Cristo é uma oferta única, transcendente e duradoura, em oposição às promessas vazias e muitas vezes ilusórias do mercado da paz mundana.

Na sociedade contemporânea, a paz tornou-se um bem de consumo, amplamente explorado por meio do que pode ser chamado de "mercado da paz". Este mercado inclui desde produtos de bem-estar, como meditação guiada, terapias alternativas e retiros espirituais, até a comercialização de bens materiais que prometem conforto e segurança. Propagandas sugerem que a paz interior está a apenas uma compra ou experiência de distância, enquanto o consumo constante é incentivado como um caminho para aliviar o estresse e as preocupações da vida moderna. Contudo, essas soluções frequentemente não conseguem penetrar nas camadas mais profundas da existência humana, onde residem as fontes do verdadeiro desassossego.

O problema com a paz oferecida pelo mundo não é apenas sua natureza temporária, mas também sua dependência de fatores externos. Circunstâncias favoráveis, estabilidade financeira e relacionamentos harmoniosos são frequentemente apresentados como pré-requisitos para a paz. Entretanto, essas condições são frágeis e podem mudar abruptamente. Quando a paz está ancorada em algo tão volátil quanto o sucesso profissional, o equilíbrio econômico ou a aceitação social, ela inevitavelmente se desfaz diante das crises e desafios da vida.

A paz de Cristo, em contraste, não depende de circunstâncias externas. É uma paz que brota de uma relação com Deus, enraizada na certeza do seu amor e na segurança de sua soberania. Essa paz transcende o entendimento humano porque não se baseia na lógica ou nas condições visíveis.

Em João 16:33, Jesus reitera essa promessa ao dizer: "Eu lhes disse essas coisas para que em mim vocês tenham paz. Neste mundo vocês terão aflições; contudo, tenham ânimo! Eu venci o mundo". Essa declaração aponta para uma paz que coexiste com os desafios e as aflições, oferecendo uma estabilidade que não pode ser abalada pelas tempestades da vida.

Do ponto de vista sociológico, a busca incessante pela paz é também um reflexo de uma sociedade que promove o individualismo e a autossuficiência como valores supremos. A cultura do "faça você mesmo" incentiva as pessoas a assumirem total responsabilidade por sua felicidade e bem-estar, colocando sobre elas um peso impossível de carregar.

A promessa de que a paz pode ser alcançada por esforço próprio ou pela acumulação de bens materiais cria uma pressão constante, levando à frustração e ao esgotamento. Essa abordagem ignora a realidade de que a paz verdadeira não pode ser fabricada, mas precisa ser recebida como um presente.

Além disso, o mercado da paz frequentemente ignora as dimensões espirituais e comunitárias da experiência humana. Práticas como mindfulness e yoga são promovidas de forma descontextualizada, muitas vezes reduzindo-as a ferramentas para melhorar a produtividade ou aliviar o estresse, sem abordar as questões mais profundas de significado, propósito e conexão.

A paz oferecida pelo mundo, nesse sentido, é frequentemente individualista e desconectada, enquanto a paz de Cristo é relacional e inclusiva, envolvendo não apenas o indivíduo, mas também suas interações com Deus, com os outros e com o mundo ao seu redor.

O contraste entre essas duas formas de paz é ainda mais evidente quando se considera o efeito de cada uma na vida cotidiana. A paz mundana, com sua dependência de circunstâncias externas, é inevitavelmente instável e facilmente perturbada. Pequenos contratempos ou grandes crises podem destruir essa paz, deixando um rastro de ansiedade e desespero. A paz de Cristo, por outro lado, é estável e resiliente. Ela oferece um refúgio em meio às tempestades, permitindo que os corações não sejam dominados pelo medo ou pela inquietação.

Essa paz também transforma a maneira como as pessoas lidam com os desafios da vida. Enquanto a paz mundana pode levar a uma busca incessante por controle e segurança, a paz de Cristo convida à rendição e à confiança.

Em Filipenses 4:6-7, Paulo escreve: "Não andem ansiosos por coisa alguma, mas em tudo, pela oração e súplicas, e com ação de graças, apresentem seus pedidos a Deus. E a paz de Deus, que excede todo entendimento, guardará os seus corações e as suas mentes em Cristo Jesus". Essa passagem destaca que a paz de Deus não apenas acalma, mas também guarda e protege, oferecendo uma segurança que vai além do que o mundo pode oferecer.

A prática dessa paz, entretanto, requer um afastamento das ilusões do mercado da paz e uma reorientação do coração e da mente para as verdades de Deus. Isso envolve uma escolha consciente de confiar em Cristo em vez de depender de circunstâncias externas ou soluções humanas. A oração, a meditação bíblica e a comunhão com outros cristãos são práticas essenciais para cultivar essa paz, permitindo que ela penetre e transforme todas as áreas da vida.

O convite de Jesus em João 14:27 é radical em sua simplicidade e profundidade. Ele não oferece uma paz parcial ou condicional, mas uma paz completa e permanente. Esse convite é um chamado para abandonar as falsas promessas do mundo e abraçar uma tranquilidade que só pode ser encontrada nele. A paz de Cristo não elimina os desafios da vida, mas oferece uma perspectiva diferente, uma força interior que sustenta e guia em meio às dificuldades.

Em última análise, o contraste entre a paz mundana e a paz de Cristo revela não apenas diferentes fontes de tranquilidade, mas também diferentes visões de vida. A paz mundana é baseada na ilusão de que o ser humano pode controlar seu destino e criar sua própria segurança. A paz de Cristo, em contraste, reconhece a limitação humana e a necessidade de depender de Deus. Essa dependência não é uma fraqueza, mas uma força, pois conecta o indivíduo à fonte de toda paz verdadeira.

A promessa de Jesus em João 14:27 continua tão relevante hoje quanto era para os discípulos que a ouviram pela primeira vez. Em um mundo marcado por incertezas e pressões, a paz de Cristo é uma âncora que oferece estabilidade e esperança. É um convite para sair do ciclo interminável de busca e consumo e entrar em um relacionamento que traz descanso e renovação. Essa paz, que excede todo entendimento, não é apenas um conceito ou uma ideia, mas uma realidade que transforma vidas e aponta para a plenitude encontrada em Deus.

CAPÍTULO 12

O poder libertador da vulnerabilidade

Aceitar fragilidades como ato de fé é um desafio profundamente contracultural. Na sociedade contemporânea, a fragilidade é frequentemente associada à incompetência, ao fracasso ou à fraqueza moral. A cultura dominante exalta a força, a autossuficiência e o desempenho impecável. No entanto, a mensagem das Escrituras nos conduz em uma direção oposta, revelando que a aceitação das limitações humanas não apenas abre espaço para a ação de Deus, mas também é uma expressão de confiança profunda em sua soberania.

A Epístola aos Hebreus oferece um retrato claro dessa verdade ao descrever Cristo como o Sumo Sacerdote que se compadece das nossas fraquezas. Hebreus 4:15-16 declara: "Pois não temos um sumo sacerdote que não possa compadecer-se das nossas fraquezas, mas sim alguém que, como nós, passou por todo tipo de tentação, porém, sem pecado. Assim, aproximemo-nos do trono da graça com toda a confiança, a fim de recebermos misericórdia e encontrarmos graça que nos ajude no momento da necessidade". Este texto apresenta a compaixão de Cristo como uma ponte entre a humanidade e Deus, mostrando que a fragilidade não é um obstáculo para a comunhão com o Criador, mas sim uma oportunidade para experimentar sua graça redentora.

A fragilidade humana é uma realidade inescapável. Ao longo das Escrituras, homens e mulheres de Deus demonstram que reconhecer as próprias limitações é o ponto de partida para a atuação divina. Moisés, por exemplo, expressou seu sentimento de inadequação ao ser chamado para libertar Israel do Egito (Êxodo 4:10). Davi, em muitos de seus salmos, clamou a Deus a partir de um lugar de vulnerabilidade extrema, como no Salmo 51, onde reconhece sua total dependência da misericórdia divina. Esses exemplos apontam para uma verdade central: a fragilidade humana não é motivo de vergonha, mas de dependência.

Cristo, em sua encarnação, assumiu a fraqueza humana de maneira plena. Ele experimentou fome, sede, cansaço, tristeza e até a dor da morte. Em Filipenses 2:7-8, Paulo descreve como Cristo "esvaziou-se a si mesmo, vindo a ser servo, tornando-se semelhante aos homens. E, sendo encontrado em forma humana, humilhou-se a si mesmo e foi obediente até à morte, e morte de cruz ". Esse "esvaziamento" de Cristo não foi um abandono de sua divindade, mas uma escolha de entrar plenamente na condição humana, incluindo suas limitações.

Essa identificação divina com a fragilidade humana traz consolo e esperança. O Cristo que compreende as lutas humanas não observa de longe, mas caminha ao lado daqueles que sofrem. Ele conhece as tentações e as dores da existência terrena, mas nunca pecou. Essa perfeição não o torna distante, mas sim um exemplo de que a dependência do Pai é suficiente para superar qualquer dificuldade.

Aceitar fragilidades também é um exercício de humildade. Na narrativa bíblica, a soberba e a autossuficiência frequentemente levam à ruína, enquanto a humildade abre caminho para a exaltação. Provérbios 3:34 afirma que "Deus se opõe aos orgulhosos, mas concede graça aos humildes". Reconhecer a própria limitação é o primeiro passo para experimentar a plenitude da graça de Deus, pois somente os humildes são capazes de receber aquilo que Deus oferece.

O conceito de fraqueza redentora é ilustrado de forma poderosa na cruz de Cristo. Naquele momento, o que parecia ser a derrota final revelou-se como a maior vitória. Paulo reflete sobre isso em 1 Coríntios 1:25: "Pois a loucura de Deus é mais sábia do que a sabedoria humana, e a fraqueza de Deus é mais forte do que a força humana". A cruz, símbolo de humilhação e fragilidade, tornou-se o meio pelo qual Deus trouxe redenção à humanidade.

Além disso, aceitar fragilidades não é apenas um ato individual, mas também comunitário. Na Igreja, a confissão de fraquezas e a disposição de ajudar uns aos outros refletem a unidade do Corpo de Cristo. Gálatas 6:2 encoraja os cristãos a "levar as cargas uns dos outros", mostrando que a vulnerabilidade compartilhada fortalece os relacionamentos e permite que a graça seja manifestada de forma concreta.

Praticar a aceitação das próprias fraquezas também envolve combater a pressão cultural que exige perfeição e autossuficiência. A sociedade moderna frequentemente impõe padrões inatingíveis, que resultam em ansiedade, estresse e esgotamento. Contra essa corrente, o Evangelho apresenta uma alternativa libertadora. Romanos 8:1 declara: "Portanto, agora já não há condenação para os que estão em Cristo Jesus". Essa verdade oferece descanso para aqueles que se sentem sobrecarregados por suas falhas, lembrando-os de que sua identidade está enraizada no amor de Deus, e não em seu desempenho.

A oração desempenha um papel crucial nesse processo. Quando se ora, expressa-se dependência e confiança em Deus. A oração é, por essência, um reconhecimento de que não se pode fazer tudo sozinho. Jesus, em sua humanidade, deu o exemplo ao buscar frequentemente a presença do Pai em oração, especialmente nos momentos de maior vulnerabilidade, como no Jardim do Getsêmani. Esse ato de entrega demonstra que a verdadeira força está na conexão com o Pai.

Outro aspecto fundamental é a necessidade de confiar na suficiência da graça de Deus. Em 2 Coríntios 12:9, Paulo compartilha a resposta de Deus ao seu clamor: "Minha graça é suficiente para você, pois o meu poder se aperfeiçoa na fraqueza". Essa declaração desafia a lógica humana ao afirmar que o poder de Deus se manifesta plenamente quando a força chega ao fim.

A aceitação das fragilidades também permite que a pessoa viva de forma mais autêntica. Esconder fraquezas ou tentar projetar uma imagem de força constante pode levar a um fardo insustentável. Admitir limitações e confiar na graça de Deus libera o indivíduo desse peso, permitindo que viva com liberdade e alegria.

Hebreus 4:16 convida todos a se aproximarem do trono da graça com confiança. Essa confiança não é baseada em mérito pessoal, mas na certeza de que Deus é fiel e justo para perdoar, restaurar e fortalecer. A frase "aproximar-se do trono da graça" evoca a imagem de um Deus acessível e acolhedor, que não rejeita aqueles que se achegam com humildade.

Portanto, aceitar fragilidades não é um sinal de derrota, mas uma expressão de fé que reconhece a suficiência de Deus. O exemplo de Cristo, que transformou a fraqueza em redenção, oferece esperança e encorajamento para todos que enfrentam suas limitações.

A fragilidade humana, longe de ser um obstáculo, é o local onde a graça de Deus se manifesta de forma mais poderosa. Assim, aproximar-se do trono da graça com confiança é, em última análise, um ato de fé que transforma fraqueza em força e sofrimento em glória.

CAPÍTULO 13

O cansaço que faz **querer desistir**

A vida do profeta Elias, registrada no Antigo Testamento, é um retrato profundo da luta interna do ser humano diante das pressões e desafios da vida, especialmente quando se está comprometido com uma missão ou chamada divina. Em momentos de grande pressão, Elias se viu sobrecarregado, solitário e incapaz de ver a possibilidade de um futuro além de suas dificuldades. O episódio em que Elias pede a morte enquanto se encontra na caverna ilustra bem os sentimentos de exaustão e a sensação de exclusividade na obra de Deus, que muitas vezes leva à sobrecarga emocional e espiritual.

Este texto busca refletir sobre a necessidade de servir, a tentação de se achar exclusivo na obra divina e como as pressões da sociedade contemporânea acentuam esses sentimentos de maneira semelhante ao que Elias experimentou.

Elias foi um profeta de Deus em um período de grande apostasia em Israel. Seu ministério foi marcado por confrontos com a idolatria, especialmente com o culto a Baal, uma divindade pagã adorada pela rainha Jezabel e muitos de seus seguidores. Elias teve que enfrentar, sozinho, as forças do mal que dominavam a nação e, por vezes, parecia estar em uma luta constante contra um império de incredulidade e infidelidade a Deus.

No entanto, Elias não era apenas um servo de Deus, mas um homem profundamente conectado com a sua missão. Ele sabia da importância de seu trabalho e da necessidade de sua voz profética, o que o levava a se dedicar completamente à obra do Senhor, muitas vezes em detrimento de seu próprio bem-estar. A exigência do ministério profético, somada ao desprezo e perseguição de que foi alvo, fez com que Elias passasse por momentos de grande sofrimento e solidão.

A sensação de exclusividade na obra de Deus é algo que muitos líderes espirituais experimentam em algum momento de sua jornada. Quando uma pessoa sente que é a única chamada para realizar determinada missão ou que seu serviço é essencial para a continuidade do plano divino, ela pode começar a se sobrecarregar emocionalmente e espiritualmente. Elias, por exemplo, expressou essa sensação quando, após o grande confronto no Monte Carmelo, se viu perseguido por Jezabel e se sentiu sozinho. Ele disse: "Senhor, já basta! Toma a minha vida, pois não sou melhor do que os meus pais" (1 Reis 19:4). A pressão de ser o único profeta fiel a Deus no reino de Israel, aliado ao fardo de seu ministério, o levou a desejar a morte.

A sensação de ser exclusivo na obra de Deus pode surgir de várias fontes, como o sentimento de que o trabalho de Deus depende unicamente de uma pessoa ou de que o serviço prestado não pode ser compartilhado com outros. No entanto, essa percepção é perigosa, pois leva ao esgotamento e à autossuficiência.

Quando Elias disse que não era melhor do que os seus pais, ele reconheceu que, apesar de sua fidelidade, ele não era indispensável ao plano de Deus. Deus havia levantado outros profetas e ainda levantaria mais. A missão de Deus não depende de um único indivíduo, mas do trabalho coletivo do corpo de Cristo. No entanto, essa revelação muitas vezes só é percebida depois de um período de crise emocional ou espiritual.

Um dos maiores erros cometidos por aqueles que se dedicam à obra do Senhor é a falta de descanso. A espiritualidade não deve ser confundida com uma busca constante por produtividade ou com a ideia de que a obra nunca termina.

A tentação de se sacrificar de maneira excessiva em nome de um ideal religioso pode levar a um desgaste físico, emocional e espiritual. Elias, no entanto, encontrou em seu momento de crise uma lição importante sobre a necessidade de descanso.

Após pedir a morte, Elias se retirou para o deserto, onde foi alimentado por anjos e teve um tempo para descansar. O próprio Deus reconheceu a necessidade de Elias de recuperar suas forças. O descanso não é apenas um ato físico, mas também uma atitude espiritual.

Muitas vezes, aqueles que servem a Deus com zelo e dedicação, como líderes e ministros, se esquecem de que o descanso é uma ferramenta divina de renovação. No momento em que Elias se sentiu sobrecarregado, Deus não o culpou, mas o alimentou e o renovou para que pudesse continuar sua missão. Esse descanso não é um sinal de fraqueza, mas de sabedoria e compreensão da própria humanidade.

Em nossa sociedade atual, as pressões são ainda mais acentuadas. Vivemos em um mundo onde a produtividade é constantemente cobrada, e a busca por reconhecimento e sucesso é uma preocupação constante. Para muitos cristãos, especialmente aqueles envolvidos em ministérios e organizações religiosas, a expectativa de ser "perfeito" e de atender às exigências espirituais e sociais pode ser esmagadora. Não raro, a sensação de ser a única pessoa capaz de realizar determinada tarefa leva à sobrecarga e ao estresse.

As redes sociais, por exemplo, amplificam essa pressão, ao criar uma cultura de comparação constante. Muitos se veem obrigados a mostrar suas conquistas espirituais, como se estivessem competindo uns com os outros pela atenção divina ou pela aprovação pública.

A exposição excessiva da vida e do ministério cria um ciclo vicioso de insatisfação e ansiedade, uma vez que as expectativas externas e internas se tornam cada vez mais difíceis de atender. Além disso, as demandas da vida moderna, como o trabalho, a família e as responsabilidades financeiras, adicionam um peso considerável sobre aqueles que já carregam o fardo espiritual de servir a Deus.

No entanto, Deus não chamou seus servos para uma vida de desgaste incessante e de busca por perfeição humana. A experiência de Elias nos ensina que a presença de Deus se manifesta não apenas nos grandes feitos, mas também no cuidado e no restabelecimento do servo. Assim como Elias foi alimentado e renovado, Deus oferece a todos aqueles que se sentem sobrecarregados a oportunidade de descanso e renovação espiritual.

Outro aspecto crucial da vida de Elias foi a sensação de solidão que experimentou. Ele se sentiu isolado, acreditando ser o único profeta fiel. Essa solidão é uma experiência comum para aqueles que se dedicam intensamente à obra de Deus, especialmente quando não encontram apoio ou compreensão dos outros.

Elias, no entanto, descobriu que não estava sozinho. Deus lhe revelou que havia ainda sete mil homens em Israel que não haviam se dobrado a Baal. Isso mostrou a Elias que a obra de Deus nunca é realizada de forma isolada, mas por uma comunidade de crentes que, juntos, formam o corpo de Cristo.

Na vida moderna, essa solidão pode ser exacerbada pela falta de uma rede de apoio espiritual ou pela dificuldade de encontrar pessoas com as mesmas convicções e valores. No entanto, assim como Elias, é importante lembrar que, mesmo nas situações mais difíceis, Deus nunca abandona seus servos. Ele está presente para oferecer direção, apoio e força, muitas vezes por meio de outros irmãos e irmãs na fé.

A história de Elias é um poderoso lembrete das lutas internas que todos enfrentam ao servir o Reino e ao se dedicarem à sua obra. A sensação de exclusividade, o peso da missão e as pressões do mundo moderno podem levar ao esgotamento, mas também podem ser superadas por meio do descanso espiritual, da renovação e da compreensão de que a obra de Deus nunca depende de um único indivíduo. No fim, assim como Elias, podemos experimentar o cuidado do Senhor, que nos dá forças para continuar a jornada e nos lembra de que não estamos sozinhos.

Deus nos chama a servir com fidelidade, mas também nos chama a cuidar de nós mesmos, reconhecendo que a verdadeira força vem de sua graça e não da nossa própria capacidade. Ao refletirmos sobre a vida de Elias, somos convidados a entender que o serviço a Deus não é uma corrida solitária, mas uma caminhada em comunidade, onde ele está sempre presente para nos sustentar e renovar.

CAPÍTULO 14

Uma mente acelerada **e uma alma cansada**

Vivemos em uma sociedade caracterizada pela aceleração constante e pela sobrecarga de demandas. O pensamento acelerado, impulsionado pela velocidade da informação e pela multiplicidade de tarefas, se tornou uma marca de nosso tempo.

A tecnologia, embora traga muitas facilidades, também nos empurra para um estado de permanente vigilância e ansiedade. Estamos sempre conectados, sempre recebendo novas mensagens, atualizações e exigências, o que faz com que nossos pensamentos se tornem cada vez mais rápidos, dispersos e, muitas vezes, descontrolados.

Essa aceleração da mente se reflete em uma ansiedade crescente, em uma incapacidade de desacelerar ou de encontrar momentos de paz. O ser humano parece cada vez mais preso a uma corrente incessante de atividades e preocupações, deixando pouco espaço para a tranquilidade ou reflexão profunda. A sobrecarga de informações, a pressão para estar constantemente produtivo e o medo de perder algo importante alimentam um ciclo vicioso de tensão mental. É aqui que a Palavra de Deus, de forma profunda e eficaz, entra como uma ferramenta de cura e restauração.

Em Hebreus 4:12, lemos: "Porque a palavra de Deus é viva e eficaz, e mais cortante do que qualquer espada de dois gumes, e penetra até o ponto de dividir a alma e o espírito, as juntas e medulas, e é apta para discernir os pensamentos e intenções do coração". Este versículo, profundo em sua simplicidade, revela o poder transformador que a Palavra de Deus tem sobre nossas mentes e corações.

Ao falar da Palavra como algo "vivo e eficaz", a Escritura nos lembra que a Bíblia não é apenas um conjunto de palavras escritas em um livro, mas uma presença ativa que pode penetrar nas profundezas de nosso ser, trazendo clareza, discernimento e, acima de tudo, paz. Quando nos encontramos em meio a uma avalanche de pensamentos rápidos, dúvidas e ansiedades, a Palavra de Deus tem a capacidade de desacelerar nossa mente, acalmar nossos corações e restaurar nosso equilíbrio interior.

A metáfora da espada de dois gumes em Hebreus 4:12 é extremamente reveladora. A espada, neste caso, não é apenas uma ferramenta de ataque, mas uma ferramenta de discernimento e separação. A Palavra de Deus é capaz de dividir a alma do espírito, discernir as motivações internas e revelar o que está além das aparências. Isso é fundamental no contexto de uma mente acelerada.

Muitas vezes, os pensamentos que nos sobrecarregam são uma mistura de pressões externas, expectativas internas e preocupações futuras. Eles se entrelaçam de forma tão intrincada que não conseguimos mais distinguir o que é realmente relevante e o que é apenas uma resposta emocional ou uma preocupação infundada. A Palavra de Deus age como uma espada que divide, separando o que é da **alma** (nossas emoções, vontades e racionalizações) do que é do **espírito** (a comunicação direta com Deus e a verdadeira sabedoria divina).

Ao fazer isso, ela nos ajuda a perceber onde estamos sendo influenciados por pressões externas ou falsas crenças, e nos conduz a um espaço onde podemos ouvir a voz clara e tranquila de Deus. Essa clareza traz paz, porque nos permite abandonar o peso das preocupações sem sentido e nos concentrar no que realmente importa.

O estado de ansiedade muitas vezes surge da nossa incapacidade de lidar com as múltiplas demandas diárias. A vida moderna exige muito de nós trabalho, relacionamentos, obrigações financeiras, cuidados com a saúde e, por fim, uma busca constante por sucesso e aprovação. Cada uma dessas demandas gera um influxo de pensamentos, emoções e pressões, que se somam e se intensificam, criando um ambiente mental tumultuado.

Nesse cenário, nossos pensamentos se tornam acelerados e, frequentemente, desordenados. Tentamos dar conta de tudo ao mesmo tempo, mas não conseguimos. Buscamos, sem sucesso, manter o controle sobre nossas vidas e nossas emoções. O resultado disso é uma sensação constante de estar à beira de um colapso, como se nunca houvesse tempo suficiente para concluir as tarefas ou relaxar.

A Palavra de Deus, no entanto, nos oferece uma solução para essa sobrecarga mental. Através de sua verdade, somos convidados a desacelerar, a confiar e a descansar. Ao dividir a alma e o espírito, a Palavra nos ajuda a separar as demandas externas daquelas que vêm do nosso espírito. Enquanto as exigências externas podem ser esmagadoras, o espírito é o lugar onde Deus nos fala e nos guia.

Quando conseguimos distinguir entre as pressões do mundo e a paz que vem do Senhor, conseguimos trazer ordem para nossas mentes. Em vez de sermos dominados pela ansiedade, passamos a ser guiados por uma paz que transcende a compreensão humana. A ansiedade nasce, muitas vezes, do medo do futuro ou da sensação de estar fora de controle. Mas a Palavra de Deus nos lembra, repetidamente, que Deus está no controle de tudo.

Em Mateus 6:25-34, por exemplo, Jesus nos ensina a não nos preocuparmos com o amanhã, pois Deus cuida de nós em todos os aspectos. Esse ensinamento traz alívio à mente acelerada, pois nos lembra que a nossa verdadeira segurança não está nas nossas próprias forças ou na tentativa de controlar todas as situações, mas na confiança de que Deus cuida de nós.

A aceleração dos pensamentos também pode ser resultado de um ciclo de ruminação mental, onde ficamos presos em um loop de preocupações e ansiedades. A Palavra de Deus é uma ferramenta poderosa para interromper esse ciclo. Quando meditamos nas Escrituras, os pensamentos rápidos e dispersos começam a ser alinhados pela verdade de Deus.

Salmos 119:15, por exemplo, afirma: "Meditarei nos teus preceitos e terei respeito aos teus caminhos". A meditação na Palavra de Deus oferece uma maneira prática de desacelerar nossos pensamentos. Ao focarmos nas Escrituras, nossas mentes começam a se centrar em algo firme e imutável, afastando-se das incertezas e ansiedades que nos rodeiam. Esse processo de meditação não é apenas uma prática intelectual, mas um exercício espiritual que nos conecta com o coração de Deus.

A Palavra também tem a capacidade de acalmar as emoções. Muitas vezes, a ansiedade não é apenas uma questão de pensamentos rápidos, mas também de emoções intensas. O medo, a frustração e a tristeza podem se acumular, exacerbando o caos interno.

No entanto, quando permitimos que a Palavra de Deus entre em nosso coração, ela traz consolo e paz. Filipenses 4:6-7 nos ensina: "Não andeis ansiosos por coisa alguma; antes, em tudo, pela oração e súplica, e com ação de graças, sejam conhecidas as vossas petições diante de Deus. E a paz de Deus, que excede todo entendimento, guardará os vossos corações e os vossos pensamentos em Cristo Jesus". A Palavra de Deus, ao se infiltrar em nossa alma e espírito, traz um sentido de ordem e harmonia.

A paz que ela oferece não é uma paz superficial, mas uma paz profunda que guarda nossas emoções e pensamentos, acalmando-nos diante das turbulências da vida. Quando aplicamos os princípios da Palavra em nossa vida cotidiana, encontramos uma força que não depende das circunstâncias externas, mas da presença constante de Deus em nosso interior.

Em um mundo que valoriza a produtividade e a constante aceleração, a Palavra de Deus nos convida a parar e refletir. Ela é como um antídoto para o veneno da ansiedade e da sobrecarga mental, oferecendo um caminho para a verdadeira paz. Ao meditar na Palavra, somos transformados, e nossa mente acelerada é suavizada pela presença de Deus, que fala a cada um de nós através de sua Palavra viva e eficaz. Portanto, ao lidarmos com os desafios da vida moderna, a Palavra de Deus se apresenta como um farol de luz, que divide a alma e o espírito, acalma os nossos pensamentos e nos conduz a um lugar de descanso e confiança em Deus.

CAPÍTULO 15

A busca desenfreada **por sucesso**

A sociedade moderna é marcada por uma busca incessante pelo sucesso pessoal e profissional. Desde cedo, somos imersos em uma cultura que exalta a individualidade, a competição e a realização de metas pessoais. Somos constantemente incentivados a criar e perseguir projetos que nos tragam reconhecimento, riqueza e felicidade. Os meios de comunicação, as redes sociais e a pressão social reforçam esse modelo, pintando uma imagem de sucesso como algo que deve ser conquistado a todo custo, sem considerar as consequências emocionais e espirituais de uma busca tão intensiva.

A ideia de que o sucesso é alcançado através da conquista individual, muitas vezes em detrimento de outras áreas da vida, como a saúde mental, o descanso e os relacionamentos, é o que impulsiona muitas pessoas a investir tudo em seus projetos pessoais.

Vivemos em um mundo onde a mensagem predominante é que, se tivermos a educação certa, as conexões corretas e uma boa dose de sorte, seremos capazes de alcançar o sucesso. A idealização de um futuro perfeito, onde os desejos pessoais se realizam sem obstáculos, torna-se um objetivo para muitos. O sonho de ter uma carreira brilhante, uma casa própria, uma vida financeira estável e uma imagem pública admirada são apenas alguns exemplos das metas que muitas pessoas perseguem com afinco.

No entanto, a busca por esse sucesso idealizado muitas vezes leva a um sentimento crescente de frustração, porque os planos e os projetos individuais nem sempre se concretizam da maneira que esperávamos.

A vida, como sabemos, não segue um caminho linear, e as circunstâncias imprevistas muitas vezes fazem com que nossos projetos pessoais se vejam interrompidos ou transformados. O que era uma jornada clara e bem traçada pode, de repente, se tornar um labirinto de dúvidas e incertezas. O tempo que dedicamos à realização de nossos projetos, o esforço e as sacrifícios feitos muitas vezes não trazem os resultados que imaginávamos.

Muitas pessoas, ao se depararem com essas dificuldades, questionam o valor de seus próprios sonhos e se perguntam se realmente estavam no caminho certo. Esse tipo de questionamento é natural quando se tenta viver uma vida idealizada, onde o sucesso se torna o objetivo final e não o processo de vida em si.

É nesse contexto que surge uma das promessas mais profundas da Bíblia, registrada em Jeremias 29:11: "Porque sou eu que sei os planos que tenho para vocês, diz o Senhor, planos de fazê-los prosperar e não de causar dano, planos de lhes dar esperança e um futuro". Este versículo é uma lembrança de que, enquanto fazemos planos e projetamos o futuro de acordo com as expectativas do mundo moderno, há um plano maior, mais profundo e mais significativo que Deus tem para cada um de nós. Os projetos individuais, por mais bem elaborados que sejam, muitas vezes podem ser limitados, pois são baseados em uma perspectiva humana que não leva em conta os planos infinitos e perfeitos de Deus.

Deus, em sua soberania e amor, não apenas conhece o futuro, mas também tem um plano divino para nossas vidas que vai além das limitações que o mundo nos impõe. Em Jeremias 29:11, a promessa de Deus nos garante que ele tem um propósito para nós, um plano que visa nos fazer prosperar, não no sentido mundano de riqueza e fama, mas naquilo que realmente importa: crescimento espiritual, paz interior e a realização do nosso destino eterno. A promessa de Deus é de prosperidade, mas uma prosperidade que transcende os limites da vida material e se enraíza em algo muito mais profundo: a realização plena de quem somos em Cristo.

A idealização de sucesso que dominou o pensamento moderno reflete-se em um conceito muito estreito de realização. A sociedade contemporânea, guiada pela lógica do consumo e da comparação constante, estabeleceu um padrão de sucesso baseado em fatores externos: a profissão que você tem, a quantidade de dinheiro que ganha, o status social que possui e o estilo de vida que leva.

Esse conceito de sucesso é amplamente promovido através das redes sociais, onde as pessoas compartilham suas aquisições, viagens, conquistas profissionais e pessoais, criando uma ilusão de que a felicidade e a realização estão atreladas à conquista de bens materiais e ao reconhecimento público. O problema com essa idealização é que ela cria uma pressão constante para alcançar algo que é muitas vezes superficial e temporário.

Para que alguém se sinta bem-sucedido, ele precisa estar em constante comparação com os outros, o que leva a um ciclo interminável de insatisfação.

No entanto, a verdade que se esconde por trás dessa busca insaciável pelo sucesso é que muitas pessoas acabam se sentindo vazias, mesmo quando atingem seus objetivos. O sucesso material não preenche os vazios existenciais e espirituais, e muitos acabam descobrindo que, após conquistar o que pensavam ser a chave para a felicidade, o sentimento de realização é passageiro e, muitas vezes, insustentável.

O trabalho incessante, a pressão por resultados rápidos e a competitividade exacerbada geram um ambiente de constante estresse, exaustão emocional e ansiedade. As pessoas se veem presas em um ciclo vicioso, sempre buscando mais, mas nunca alcançando a satisfação plena.

É nesse ponto que a promessa de Deus, expressa em Jeremias 29:11, se torna especialmente relevante. Enquanto o mundo moderno nos ensina a buscar o sucesso de maneira egoísta e individualista, Deus nos convida a confiar nele, sabendo que ele tem um plano maior para nossas vidas. Seus planos são de paz, de prosperidade verdadeira, que não está ligada às riquezas terrenas ou ao reconhecimento social, mas à realização do nosso propósito eterno em Cristo.

Deus, ao contrário do mundo, não exige que nos comparemos uns aos outros ou que busquemos constantemente a validação das nossas conquistas. O sucesso segundo Deus é um sucesso que vem da harmonia com seu propósito, do crescimento interior, da paz que ele nos oferece, e da maneira como usamos os recursos que ele nos dá para ajudar aos outros e glorificar o seu nome. Os planos de Deus para nós, conforme prometido em Jeremias 29:11, são planos de prosperidade, mas uma prosperidade que envolve muito mais do que bens materiais. É uma prosperidade espiritual, emocional e relacional, uma prosperidade que não falha nem se desfaz com o tempo.

Os planos de Deus para nossas vidas podem ser muito diferentes do que imaginamos. Quando focamos demais em nossos próprios projetos e na realização de nossos desejos, podemos perder de vista o que é realmente importante. Mas Deus, em sua infinita sabedoria e amor, sabe o que é melhor para nós e nos guia em direção a um futuro que é muito mais do que conseguimos imaginar por conta própria. Às vezes, o que consideramos uma "derrota" ou uma "dificuldade" em nossos planos pode ser, na verdade, um desvio do caminho que Deus preparou para nós, levando-nos a um propósito maior.

Em Jeremias 29:11, Deus promete dar-nos um futuro cheio de esperança. Isso significa que, mesmo quando as coisas não saem como planejamos, podemos confiar que Deus está trabalhando em nossos corações e vidas, conduzindo-nos para um bem maior. Os planos de Deus, embora diferentes dos nossos, são sempre bons, pois ele sabe o que precisamos para crescer e amadurecer espiritualmente. Quando entregamos nossos projetos nas mãos de Deus, ele começa a alinhar nossos desejos com o seu propósito eterno, e, assim, nossa vida ganha um significado mais profundo.

Muitas vezes, o sucesso segundo Deus não é uma questão de conquistar algo material, mas de sermos transformados à imagem de Cristo, de aprender a viver com um coração humilde e generoso, de encontrar paz em meio ao caos do mundo e de viver em harmonia com a vontade de Deus. O sucesso de Deus para nós está em viver com propósito, amando aos outros, cuidando de nossa saúde física e espiritual e sendo luz no mundo.

Em última instância, a confiança nos planos de Deus é a chave para uma vida plena e satisfatória. Em vez de nos agarrarmos desesperadamente aos nossos próprios projetos e ideais de sucesso, devemos aprender a confiar no fato de que Deus tem o melhor para nós. Isso não significa que nossos planos não sejam importantes, mas que devemos estar dispostos a submeter nossos desejos e projetos à vontade de Deus, reconhecendo que ele sabe o que é melhor para nós.

Quando fazemos isso, experimentamos uma paz que vai além da compreensão humana, pois sabemos que nossos passos estão sendo guiados por um Deus que nos ama e que tem um plano perfeito para nossas vidas.

CAPÍTULO 16

Um descanso para o hoje **e para a eternidade**

O descanso definitivo prometido por Deus é uma das imagens mais reconfortantes das Escrituras. Em Hebreus 4:9-11, o autor faz uma poderosa conexão entre o descanso sabático instituído na criação e o descanso eterno oferecido por Deus aos seus filhos. Esse descanso não é apenas uma pausa física, mas uma realidade espiritual e escatológica que traz significado tanto para a vida presente quanto para a esperança futura. "Portanto, resta ainda um descanso sabático para o povo de Deus; pois todo aquele que entra no descanso de Deus também descansa das suas obras, como Deus descansou das suas" (Hebreus 4:9-10). Essa promessa é uma âncora que sustenta a alma em meio às tempestades da vida e um convite para viver em paz enquanto se aguarda a glória futura.

A ideia de descanso em Hebreus se conecta ao padrão estabelecido no relato da criação. Em Gênesis 2:2-3, Deus completou sua obra e descansou no sétimo dia, abençoando-o e santificando-o. Esse descanso não foi resultado de exaustão, mas uma celebração da perfeição de tudo o que foi criado. Da mesma forma, o descanso prometido aos fiéis é uma experiência de completude e satisfação na presença de Deus.

No contexto da narrativa bíblica, o descanso está frequentemente associado à ideia de terra prometida. Para os israelitas, entrar em Canaã representava um descanso após anos de peregrinação e luta no deserto. No entanto, Hebreus aponta para uma dimensão mais profunda: o descanso terreno era apenas uma sombra do descanso celestial. Josué conduziu o povo à terra, mas não proporcionou o descanso definitivo, pois esse só pode ser encontrado em Deus. Assim, o descanso prometido não é apenas um lugar, mas uma condição espiritual em que a comunhão plena com o Criador é restaurada.

Essa perspectiva escatológica do descanso é reforçada pela visão de um futuro em que não haverá mais dor, sofrimento ou morte, como descrito em Apocalipse 21:4. Esse estado final de paz eterna é o cumprimento pleno das promessas de Deus, onde todas as lutas e esforços da vida presente darão lugar à alegria e à comunhão perfeita com ele.

O descanso definitivo também tem implicações práticas para a vida cotidiana. A promessa de um descanso eterno oferece alívio para o cansaço emocional, espiritual e físico que muitas vezes domina a existência humana. Em meio às pressões do trabalho, dos relacionamentos e das responsabilidades diárias, lembrar-se de que há um descanso prometido por Deus renova as forças e alimenta a esperança. Essa perspectiva transforma a maneira como o presente é vivido, pois o futuro garantido em Cristo oferece um alicerce seguro para enfrentar os desafios atuais.

Além disso, o convite ao descanso em Hebreus 4 é tanto um chamado à obediência quanto à confiança. O texto exorta os leitores a "fazerem todo o esforço para entrar nesse descanso" (Hebreus 4:11). Embora pareça paradoxal, a ideia de "esforço" para descansar reflete a necessidade de uma fé ativa. Entrar no descanso de Deus requer abandonar a autossuficiência e confiar plenamente em suas promessas. Essa entrega envolve reconhecer que, em Cristo, a obra redentora já foi concluída, e que o descanso não é conquistado por mérito humano, mas pela graça divina.

A paz que o descanso de Deus oferece também é uma resposta à inquietação da alma humana. A busca por realização, segurança e propósito muitas vezes leva ao esgotamento, pois o mundo não pode satisfazer essas necessidades profundamente enraizadas. Em contraste, o descanso prometido por Deus supre não apenas as necessidades temporais, mas também as eternas. Ele é a resposta ao clamor por significado, preenchendo o vazio que nada no mundo pode preencher.

Outra aplicação prática desse descanso é o convite a desacelerar e confiar na providência divina. Em um mundo que valoriza a produtividade incessante, praticar o descanso como uma disciplina espiritual é um ato de fé e resistência cultural. Observar momentos de pausa intencional, como o sábado bíblico, reflete a confiança em que Deus está no controle e que a identidade não é definida pelo desempenho. Esse tipo de descanso no presente é um reflexo do descanso eterno que se aguarda, uma antecipação da realidade celestial.

O descanso definitivo também aponta para a necessidade de viver com esperança. A vida cristã é marcada pela tensão entre o "já" e o "ainda não" do Reino de Deus. Embora a salvação já tenha sido garantida em Cristo, a plenitude do descanso eterno ainda está por vir. Essa esperança futura não é passiva, mas ativa, moldando decisões, prioridades e atitudes. Viver à luz dessa esperança significa buscar a paz interior, promover a reconciliação nos relacionamentos e perseverar na fé, mesmo em meio às adversidades.

Essa esperança é especialmente relevante nos momentos de sofrimento e perda. O descanso prometido por Deus oferece uma perspectiva que transcende as circunstâncias presentes, lembrando que a dor e o sofrimento têm um fim. Como Paulo escreveu em Romanos 8:18, "os nossos sofrimentos atuais não podem ser comparados com a glória que em nós será revelada". Essa certeza sustenta o coração mesmo nos momentos mais sombrios, trazendo conforto e renovação.

O conceito de descanso em Hebreus também destaca a centralidade de Cristo como aquele que torna o descanso possível. Em Mateus 11:28-30, Jesus convida todos os que estão cansados e sobrecarregados a encontrarem descanso nele. Esse convite é uma extensão da promessa de Hebreus 4, pois Jesus é o cumprimento das promessas de Deus e a porta de entrada para o descanso eterno. Nele, o fardo do pecado é retirado, e a paz que excede todo entendimento é concedida.

Finalmente, o descanso definitivo prometido por Deus é um lembrete da fidelidade divina. Desde a criação até a consumação dos tempos, Deus tem cumprido suas promessas e conduzido seu povo ao descanso. Essa fidelidade é a base da confiança e da esperança, assegurando que o descanso eterno não é apenas um desejo, mas uma realidade garantida pela Palavra de Deus.

Portanto, viver em paz no presente enquanto se aguarda a glória futura é tanto um privilégio quanto um desafio. É um convite a experimentar o descanso de Deus aqui e agora, por meio da fé e da confiança em suas promessas, enquanto se aguarda a plenitude do descanso eterno que ele preparou. A certeza desse descanso transforma não apenas o futuro, mas também o presente, oferecendo um alicerce inabalável para a vida.

CONCLUSÃO

A coragem para obedecer ao mandamento esquecido: descanso

A sociedade moderna tem criado um padrão distorcido sobre o que significa descansar. Vivemos em uma cultura que preza pela produtividade constante, pela ocupação incessante e pela busca por resultados tangíveis a todo momento. No entanto, o descanso tem sido mal interpretado: ele é muitas vezes visto como um sinal de fraqueza, uma pausa que sugere incapacidade de continuar em meio aos desafios diários. Esse entendimento equivocado nos leva a uma vida de exaustão física, emocional e espiritual, onde o desgaste não é apenas físico, mas também psicológico e espiritual.

No entanto, a Bíblia apresenta uma perspectiva radicalmente diferente. Descansar não é um sinal de fraqueza, mas sim um ato de fé. Ao descansar, o ser humano reconhece seus limites, mas também afirma sua confiança em um Deus que é soberano sobre todas as coisas. O descanso não é apenas um tempo de inatividade, mas um tempo de renovação, de dependência de Deus e de reconhecimento de sua obra perfeita.

No Antigo Testamento, Deus instituiu o sábado como um mandamento para o seu povo. O mandamento do sábado é uma parte fundamental da aliança de Deus com Israel, registrado em Êxodo 20:8-11: "Lembra-te do dia de sábado, para santificá-lo. Seis dias trabalharás, e farás toda a tua obra; mas o sétimo dia é o sábado do Senhor, teu Deus; não farás nenhum trabalho... Pois em seis dias fez o Senhor os céus, a terra, o mar e tudo o que neles há, e no sétimo dia descansou. Por isso o Senhor abençoou o dia de sábado e o santificou".

Este mandamento não foi dado como uma limitação, mas como uma bênção. O descanso semanal foi ordenado para que o povo de Deus pudesse parar, refletir e descansar, reconhecendo que o trabalho não é a única fonte de sustento e que o mundo não depende exclusivamente do esforço humano. O sábado deveria ser uma oportunidade para renovar forças físicas, mas também espirituais, reconhecendo a soberania divina sobre todas as coisas.

No entanto, o sábado não era apenas um dia de descanso físico. O verdadeiro propósito do sábado era que o povo de Israel fosse lembrado de que sua vida, seu sustento, sua identidade, estavam firmados em Deus. O descanso era uma oportunidade para ser confrontado com a própria finitude humana e, ao mesmo tempo, uma oportunidade de experimentar a graça e a provisão divinas.

No Novo Testamento, Jesus Cristo revela que ele é o cumprimento do verdadeiro descanso que o sábado apontava. Em Mateus 11:28-30, Jesus faz um convite que desafia a visão da sociedade moderna sobre descanso e trabalho. Ele diz: "Vinde a mim, todos os que estais cansados e sobrecarregados, e eu vos aliviarei. Tomai sobre vós o meu jugo e aprendei de mim, porque sou manso e humilde de coração, e encontrareis descanso para as vossas almas. Porque o meu jugo é suave, e o meu fardo é leve".

Essas palavras de Jesus vão além do descanso físico. Elas falam sobre um descanso profundo, que atinge a alma e a mente. Jesus oferece alívio para os que estão sobrecarregados, para aqueles que se cansaram de carregar o fardo de suas próprias expectativas ou das exigências da sociedade. O convite de Cristo é um convite para descansar em sua graça, para abandonar o peso do pecado e da autossuficiência, e encontrar descanso na confiança plena em Deus.

É interessante notar que, em sua vida e ministério, Jesus frequentemente se retirava para orar, para descansar em Deus. Ele, sendo Deus encarnado, não precisava descansar no sentido físico, mas sua prática de retirar-se em oração e solitude é um modelo para todos os que buscam viver em comunhão com o Pai. Ao descansar, ele demonstrava sua total dependência do Espírito Santo e da vontade do Pai, e assim também nós devemos aprender a descansar em Deus, confiando que ele nos sustenta e que sua graça é suficiente para todos os momentos da vida.

Descansar é, portanto, um ato de fé. Quando alguém decide descansar, está, na verdade, expressando confiança em algo ou alguém maior. Ao descansar, o ser humano reconhece que não pode controlar tudo, que não é autossuficiente e que seus esforços são limitados. O descanso nos desafia a abrir mão da ilusão de que somos capazes de realizar tudo sozinhos. O descanso, quando vivido na presença de Deus, é um gesto de entrega, de rendição à soberania divina.

O descanso também nos permite fazer uma pausa e refletir sobre o que realmente importa. Muitas vezes, o trabalho, as pressões e as responsabilidades nos cegam para as bênçãos e a presença de Deus ao nosso redor. O descanso é a oportunidade de silenciar as muitas vozes externas e internas, para ouvir a voz suave e mansa de Deus. Ele é uma pausa para se lembrar de que não vivemos para o trabalho, nem para agradar os outros, mas para cumprir o propósito que Deus tem para nossas vidas. E esse propósito nunca exige exaustão, mas sim confiança e obediência.

O convite de Cristo para o descanso é um convite profundo e transformador. Jesus nos convida a deixar os nossos pesos aos seus pés, a abandonar a busca frenética por validação, sucesso e controle, e a confiar no cuidado e no plano divino para as nossas vidas. Ele nos oferece descanso para a alma, uma paz que não pode ser encontrada em mais um projeto, mais uma conquista ou mais um esforço.

Em 1 Pedro 5:7, somos exortados a lançar sobre Deus todas as nossas ansiedades, “porque ele tem cuidado de vós”. Esse lançamento não é apenas uma simples ação, mas uma entrega completa das nossas preocupações, das nossas lutas internas, dos nossos fardos emocionais e espirituais. Quando tomamos esse passo de fé e deixamos os nossos pesos aos pés da cruz, estamos dizendo: "Eu não consigo fazer isso sozinho, mas confio que Deus é capaz de levar tudo por mim".

Esse descanso oferecido por Cristo é um descanso que vai além da simples ausência de trabalho. É um descanso que preenche a alma, que traz paz mesmo em meio ao caos, que nos liberta das pressões da vida moderna e nos convida a confiar que o próprio Deus está no controle.

Em João 14:27, Jesus nos assegura: "Deixo-vos a paz, a minha paz vos dou; não vo-la dou como o mundo a dá. Não se turbe o vosso coração, nem se atemorize".

A paz de Cristo não é uma paz superficial, que depende de circunstâncias favoráveis, mas uma paz profunda que transcende qualquer situação. Essa paz é encontrada no descanso em sua presença e na confiança em sua vontade soberana.

Portanto, o convite é claro: venha descansar em Cristo. Deixe os fardos pesados de lado e confie que ele é capaz de restaurar suas forças. Em um mundo que valoriza o esforço constante e a produtividade incessante, o descanso em Deus é um ato de fé, uma declaração de que ele é o único que pode nos sustentar. Ao descansar em Deus, estamos confiando que, mesmo nas nossas fraquezas, ele é mais do que suficiente.

ANOTAÇÕES

ANOTAÇÕES

ANOTAÇÕES

ANOTAÇÕES

ANOTAÇÕES

ANOTAÇÕES

ANOTAÇÕES

ANOTAÇÕES

ANOTAÇÕES